Müller | Pazifismus

[Was bedeutet das alles?]

Olaf L. Müller

Pazifismus

Eine Verteidigung

Reclam

Dem Gedenken an Heinrich Ahrend (1901–1945)

4., durchgesehene Auflage

RECLAMS UNIVERSAL-BIBLIOTHEK Nr. 14354
2022, 2023 Philipp Reclam jun. Verlag GmbH,
Siemensstraße 32, 71254 Ditzingen
info@reclam.de
Gestaltung: Cornelia Feyll, Friedrich Forssman
Druck und Bindung: Elanders Waiblingen GmbH,
Anton-Schmidt-Straße 15, 71332 Waiblingen
Printed in Germany 2025

ISBN 978-3-15-014354-4
reclam.de

Inhalt

Vorwort

Seit Jahren plane ich ein Buch für den Pazifismus – und bin doch jedes Mal, wenn es hätte ernst damit werden können, davor zurückgeschreckt. Jetzt muss es sein; nachdem Wladimir Putin Ende Februar des Jahres 2022 seine mörderischen Truppen auf ukrainisches Territorium losgelassen hat, werden wir Pazifisten in zunehmend höhnischem Ton kritisiert. Da ist es an der Zeit, eine Verteidigung gegen viele der Einwände auf den Tisch zu legen. Wie ich zugeben muss, sind einige Einwände mehr als berechtigt – mit der Folge, dass ich nicht ohne Änderungen dessen auskommen werde, wie der Pazifismus für gewöhnlich verstanden wird. Mein Ziel besteht darin, ihn bei dieser Umformulierung nicht zu sehr aufzuweichen – es bleibt dabei, dass ich mich als Pazifist gegen kriegerische Handlungen ausspreche, doch tue ich dies mit einem Schuss Pragmatismus und weniger apodiktisch, als vielleicht zu erwarten wäre: Am Ende werde ich Ihnen meine Selbstzweifel angesichts des gegenwärtigen Kriegs nicht verhehlen. Doch der Reihe nach; als Allererstes möchte ich kurz schildern, wie ich zum Pazifisten geworden bin.

Ich habe nichts gegen Soldaten; ich bin selbst einmal Soldat gewesen. Direkt nach dem Abitur leistete ich den Wehrdienst als Vorzimmersoldat in Celle nach drei Monaten Drill bei der Grundausbildung in Achim. Ich hatte und habe keine moralische Allergie gegen Schusswaffen, und überraschenderweise war nicht der körperliche Stress dieser Monate demoralisierend, sondern das Tragen einer Uniform: Als sie uns am zweiten Tag verpasst wurde, blieb mir und meinen Schulkameraden auf der Stube das Lachen im Hals stecken – schlagartig war's aus mit der Individualität.

Hier hatten wir das erste Anzeichen für eine Tatsache von größerer Bedeutung. In deutschen Garnisonsstädten verschwinden soldatisch uniformierte Personen trotz ihrer beachtlichen Zahl gleichsam in einem toten Winkel der Wahrnehmung von Zivilisten; dass man die Soldaten vielleicht lieber nicht sehen will, passt zur merkwürdigen Gleichgültigkeit, mit der die Öffentlichkeit das Tun und Sterben unserer Soldaten in Afghanistan weitgehend auszublenden wusste. Oder um dasselbe durch ein verstörendes Erlebnis meiner Soldatenzeit zu illustrieren: Selbst als ich sie auf offener Straße grüßte, hat mich die eigene Mutter wegen meiner Uniform zuerst nicht erkannt. Spätestens da wurde mir klar, dass der Soldat nicht allzu sehr als Mensch betrachtet werden soll, wenn ein Krieg ansteht. Schlimmer noch: Wenn ein Krieg ansteht, soll überhaupt kein Betroffener ganz und gar als Mensch betrachtet werden, und das ist nicht gut.

Meine Zweifel an der Richtigkeit militärischer Tätigkeit verstärkten sich nicht lange nach dem Ende der Dienstzeit, und um nicht als Reservist aktenkundig zu werden, verweigerte ich den Dienst nachträglich mit einem verantwortungsethischen Plädoyer für die Abschaffung der Bundeswehr – was im Rahmen der Gewissensprüfung eigentlich so nicht zulässig gewesen wäre.

Seither verstehe ich mich zwar als Parteigänger des Pazifismus. Dennoch lehne ich Gewalt als Mittel zum Kampf gegen das Böse ausdrücklich nicht ab und finde beispielsweise die Idee eines Tyrannenmords erwägenswert.

Erstes Kapitel: Einleitung

1. Pazifismus aus pragmatischer Sicht

Pazifisten sind gefühlsduselige Gutmenschen, verantwortungslose Hasardeure, irrationale Spinner, Traumtänzer mit Jesuslatschen, dubiose Gesinnungsethiker.[1] Solchen Vorurteilen sieht sich der Pazifismus seit jeher ausgesetzt.

Vor kurzem ist ein weiteres Vorurteil hinzugekommen. Seit dem 23. Februar 2022 werden Pazifisten sogar für Putins verbrecherischen Angriffskrieg mitverantwortlich gemacht: Ihr nützlichen Idioten mit eurer Friedensliebe, eurer Naivität, eurer Blindheit gegenüber dem Bösen – ihr seid mitschuld, so heißt es, dass Putin die europäische Friedensordnung mit Füßen tritt, über Leichen geht, einen Völkermord anzettelt.

Bei Lichte besehen sind solche Vorwürfe so neu auch wieder nicht. Schon vor knapp vier Jahrzehnten hat es der damalige CDU-Generalsekretär Heiner Geißler (1930–2017) auf den Punkt gebracht: »Der Pazifismus der Dreißiger Jahre hat Auschwitz erst möglich gemacht«.[2] Und vor einem Vierteljahrhundert gab der erste grüne Außenminister, Joschka Fischer, den damaligen Pazifismus seiner Partei preis, indem er uns vor die Wahl zwischen »Nie wieder Krieg« und »Nie wieder Auschwitz« stellte.[3] Einmal mehr stand der Verdacht im Raum, dass Pazifisten beim Thema Auschwitz unsichere Kantonisten sind.

Gegen alle diese Vorurteile wende ich mich mit dem vorliegenden Büchlein. Es gibt, so meine These, einen pragmatischen Pazifismus, der sowohl intellektuell als auch moralisch respektabel ist. In seiner Ablehnung kriegerischer Handlungen geht der pragmatische Pazifist weit über den Konsens der meisten irgendwie friedliebenden Zeitgenossen hinaus – doch ist er nicht so radikal, prinzipiell jeden Einsatz militärischer

Gewalt zu verdammen. Den Krieg der Alliierten gegen Hitler-Deutschland nimmt er als entscheidende und vielleicht einzige Ausnahme aus dem Anwendungsbereich seiner pazifistischen Moral heraus: einer Moral, der er zwar engagiert, aber nicht um den Preis der Verrücktheit folgt.

Er vertritt also keinen gesinnungsethischen Total-Pazifismus; *Gesinnungsethik* ist eine zweifelhafte Form von Moral, die sich auf die richtige Gesinnung im Innern des Akteurs konzentriert und dabei dessen Verantwortung für äußere Folgen seines Tuns ausblendet.

Trotz aller Sympathie für das *verantwortungsethische* Gegenteil jedweder Gesinnungsethik unterwirft sich ein pragmatischer Pazifist auch der Verantwortungsethik nicht uneingeschränkt. Seiner Ansicht nach führt jeder Versuch, eine solche folgenorientierte Ethik auf Fragen von Krieg und Frieden anzuwenden, zu einer völlig unrealistischen Überschätzung menschlicher Erkenntnismöglichkeiten. Diese Schwierigkeit scheint den meisten Verantwortungsethikern beim Thema Krieg nicht in aller Schärfe vor Augen zu stehen, und zwar unabhängig davon, ob sie Krieg befürworten oder ablehnen. Doch niemand kann, so meine These, eine solche Form von Objektivität erreichen, wie er sie als Verantwortungsethiker für die Folgenabschätzung der kriegerischen und nichtkriegerischen Handlungsoptionen braucht.

Und so geht es im vorliegenden Buch um einen Mittelweg zwischen der moralischen Arroganz von Gesinnungsethikern und der erkenntnistheoretischen Arroganz ihrer veranwortungsethischen Gegenspieler. Um diesen Weg zu bahnen, werde ich mich ausgiebig bei einer philosophischen Tradition bedienen, die hierzulande weder prominent noch sonderlich beliebt ist. Sie stammt aus Nordamerika, ist einigermaßen raffiniert und läuft unter der Überschrift *Pragmatismus*. Was soll das sein?

Pragmatisch nennen wir eine Haltung, die ohne Prinzipienreiterei auskommt. Statt sich im Tun und Denken an starren Lehrsätzen zu orientieren, gehen Pragmatiker flexibel, fallweise und situationsbezogen vor. Lassen sie sich also von Sachzwängen willenlos hin- und herschieben? Nein, denn sie orientieren sich versuchsweise an ihren bisherigen Prinzipien und sind darauf vorbereitet, sie im Lichte neuer Ereignisse zu modifizieren, umzuformulieren und – falls es nicht anders geht – sogar preiszugeben.

Eine solche pragmatische Lebenshaltung kann man ohne jede philosophische Hintergrundtheorie einnehmen. Der nordamerikanische Pragmatismus stellt demgegenüber eine bestimmte philosophische Theorie dar, die von pragmatischen Lebenshaltungen ausgeht und diese systematisch zu durchdringen, zu verfeinern und weiterzutreiben sucht – mit teilweise überraschenden Ergebnissen.[4] Insofern diese philosophischen Ergebnisse weitergehen als die pragmatische Haltung, heißen sie pragmatistisch, nicht bloß pragmatisch. Strenggenommen müsste der Titel dieses Abschnitts also verlängert werden: »Pazifismus aus pragmatischer und pragmatistischer Sicht«. Doch diese kleine Unschärfe schadet kaum; insofern die pragmatistische Sicht eine theoretische Fortentwicklung der pragmatischen Haltung bietet, hängt beides engstens miteinander zusammen, und so lautet die Substantivierung beider Adjektive denn auch gleich – Pragmatismus.

Eine der theoretischen Überraschungen aus dem Pragmatismus besteht in der philosophischen Einsicht, dass sich objektive Fakten nicht sauber von Werten und Normen trennen lassen.[5] Von dieser Einsicht, die dem überkommenen Schulwissen zuwiderläuft, werde ich auf der Suche nach dem gesuchten Mittelweg zwischen Gesinnungs- und Verantwortungsethik ausgiebig Gebrauch machen. Demzufolge blicken Pazifisten mit anderen Werten auf die Wirklichkeit als ihre Widersacher.

Dass darin nichts Irrationales liegt, werde ich durch einen extremen Vergleich nachzuweisen versuchen. Wie ich mithilfe pragmatistischer Wissenschaftsphilosophie nahelegen möchte, kann man den idealistischen Blick der Pazifisten auf die Wirklichkeit gut und gerne mit dem idealisierenden Blick vieler Physiker auf die Natur vergleichen. Wie jeder Vergleich hinkt auch dieser; doch ist er auf seine Weise erhellend genug und geht weiter, als man zunächst denken möchte. Physiker wissen unsere Welt mit mächtigen Theorien zu durchleuchten und mit mächtigen Apparaten zu gestalten. Insofern sie also über den Verdacht erhaben sind, weltfremde Erkenntnismethoden einzusetzen, können wir auch die pragmatistischen Pazifisten vom Vorwurf der Weltfremdheit lossprechen.

2. Jeder ist gegen Krieg – nicht jeder ist Pazifist

Wie man weiß, sind Pazifisten immer gegen Krieg. Nun ist heutzutage fast niemand *für* Krieg – zumindest hier in Deutschland. Kein Wunder, nach zwei Weltkriegen: Nachdem unsere Landsleute 1914 bis 1918 und, weit schlimmer noch, 1939 bis 1945 mehrheitlich von Kriegsbegeisterung, Kriegstaumel, ja Kriegsfanatismus befallen waren, sind allein in Europa zigmillionen Tote zu beklagen gewesen, lagen unsere Städte in Trümmern, war das ganze Land moralisch bankrott. Der zweite dieser Kriege war eindeutig von Deutschland vom Zaun gebrochen worden, und die deutsche Mitschuld am Ersten Weltkrieg ist deutlich genug. Die Lektion, die aus alledem zu ziehen war, wird bei uns weithin akzeptiert: Von deutschem Boden darf nie wieder Krieg ausgehen.

Mit diesem Slogan allein wird man noch nicht zum Pazifisten. So steckt im Slogan eine moralisch zweifelhafte Beschränkung auf unser Land. Pazifisten sind aber nicht zuallererst damit beschäftigt, irgendwelche politischen Richtlinien für ihr eigenes Land zu formulieren – so wie es etwa die außenpolitischen Denkfabriken tun. Nein, Pazifisten formulieren eine moralische bzw. ethische Position.

Für die Zwecke dieses Essays ist es nicht erforderlich, zwischen Moral und Ethik zu unterscheiden. Es geht um das richtige Tun schlechthin, nicht um das richtige Tun im Lichte dieser oder jener Staatsinteressen. Und es ist herrschende Meinung unter Ethikern und Moralphilosophen, dass es bei der Frage nach dem richtigen Tun nicht auf die Nationalität des Handelnden ankommt.

Wenn also ein Kriegsverbot wirklich als moralisch-ethische Haltung gemeint sein soll, dann muss sich die Sache auf alle Staaten der Welt beziehen. Und das Ergebnis dieser Erweiterung ist heute im Jahr 2022 aktueller denn je: Es darf nie wieder ein Krieg von irgendeinem Territorium aus losgetreten werden.

Auch dem wird hierzulande kaum einer widersprechen; das moralische Verbot von Angriffskriegen bietet einen Minimalkonsens unter Politikern, Kommentatoren und Wahlvolk. Einen solchen Konsens können sich alle diese Leute ohne jeden Pazifismus auch deshalb leisten, weil es ein Leichtes ist, das eigene kriegerische Tun als *Verteidigungs*krieg auszuzeichnen – und damit aus dem Anwendungsbereich des moralischen Verbots von *Angriffs*kriegen herauszunehmen.

In dieser Hinsicht (und *ausschließlich* in dieser Hinsicht) gleichen sich eine Reihe rhetorischer Schachzüge der verschiedensten Kriegsherren. Als russische Truppen die Ukraine überfielen, hatte Putin das offiziell deshalb befohlen, weil er Leute, die er als Russen betrachtet, gegen ukrainische Nazis verteidigen wollte. Dass die angeblichen Russen ukrainische Staatsbürger sind und dass die angeblichen Nazis in Wahrheit deren demokratisch gewählte Regierung ist, tat der Wirkung seiner Rhetorik daheim kaum Abbruch.

Noch infamer sagte Adolf Hitler (1889–1945) beim deutschen Überfall auf Polen am Anfang des Zweiten Weltkriegs:

> Polen hat heute Nacht zum ersten Mal auf unserem eigenen Territorium auch mit bereits regulären Soldaten geschossen. Seit 5:45 Uhr wird jetzt zurückgeschossen! Und von jetzt ab wird Bombe mit Bombe vergolten! Wer mit Gift kämpft, wird mit Giftgas bekämpft. Wer selbst sich von den Regeln einer humanen Kriegsführung entfernt, kann von uns nichts anderes erwarten, als dass wir den gleichen Schritt tun. Ich werde diesen Kampf, ganz gleich, gegen wen, so lange führen, bis die Sicherheit des Reiches und bis seine Rechte gewährleistet sind.[6]

Selbst der allerverwerflichste Angriffskrieg aller Zeiten wurde also mit defensiven Feigenblättern geschmückt.

Die beiden Fälle sind widerwärtig und eindeutig genug. Aber der Wahnsinn hat auch in milderen Fällen Methode. Es ist nicht allzu lange her, dass wir mit einem Satz konfrontiert worden sind, dem ein ähnlicher Ruch zukommt, wenn auch schwächer: »Die deutsche Sicherheit«, sagte der damalige deutsche Verteidigungsminister Peter Struck (1943–2012; SPD), »wird auch am Hindukusch verteidigt«.[7]

Angesichts der dürftigen Grundlage für diese These kann man ebenso gut sagen: Unsere Sicherheit wurde am Hindukusch erstens insofern riskiert, als wir uns dadurch in einem teilweise radikal muslimischen und allemal traditionalistischen Umfeld nicht nur Freunde, sondern auch Feinde gemacht, ja die Blickrichtung potentieller Terroristen auf unser Land gelenkt haben. Und zweitens wurde sie insofern riskiert, als unsere Bundeswehr durch jahrelange internationale Einsätze von ihrer Kernaufgabe abgebracht worden ist – nämlich von der gründlichen Vorbereitung einer allfälligen Verteidigung unseres hiesigen Territoriums; wenn die Bundeswehr jetzt nicht mehr genügend Abwehrwaffen für einen konventionellen Krieg in Europa hat, dann liegt das sicher auch an den Fehlsteuerungen infolge der Kriegseinsätze im Ausland (von denen derjenige in Afghanistan am schwersten wog, weil er die Bundeswehr riskanterweise bis an die Grenzen ihrer Belastung strapaziert hat).

Um nicht missverstanden zu werden: Struck war kein Putin und erst recht kein Hitler; und unsere Intervention in Afghanistan ist weder mit dem Überfall 2022 auf die Ukraine noch gar mit dem auf Polen 1939 vergleichbar. Dennoch kann man darüber streiten, ob nicht auch Struck den Begriff der Verteidigung überdehnt hat. Und es ist auffällig, dass damals lange Zeit nicht von Krieg die Rede war, sondern – wie oben in einer Art Echo zwanglos wiedergegeben – von einer »Intervention« (was übrigens für die beteiligten Soldaten eine Katastrophe bedeutete, da sie nach ihrer Rückkehr nicht entsprechend versorgt wurden). Zwar war es in Deutschland jahrelang unüblich, aber natürlich rein rechtlich gesehen erlaubt, von einem Krieg zu reden – anders als jetzt in Russland, wo dies Wort strafbar ist und es stattdessen »Spezialoperation« heißen *muss*.

Wie man sieht, sind die Begriffe dehnbar. Manche dehnen den Begriff der Verteidigung auf haarsträubende Weise, andere gehen dabei subtiler vor. Mit solchen Spitzfindigkeiten müssen sich diejenigen herumschlagen, die sich punktgenau die Ablehnung von Angriffskriegen auf die Fahnen schreiben und dabei redlich, also ohne Sprachmissbrauch vorgehen wollen. Dem Pazifisten können diese Feinheiten gleichgültig sein; er plädiert nicht einfach nur gegen Angriffskriege, was leicht zu haben ist – er plädiert gegen Krieg überhaupt.

3. Was zählt zum Krieg dazu?

Als Ergebnis des vorangegangenen Abschnitts ist herausgekommen, dass Pazifisten auf moralische Weise gegen Krieg sind – und zwar gleichgültig, von wem der Krieg geführt wird, und gleichgültig, ob es sich um einen Angriffs- oder um einen Verteidigungskrieg handelt.

Saubere Begriffe dienen der Klarheit, unsaubere Begriffe der Ideologie. Krieg ist ein schwammiger Begriff. Wer *in abstracto* Krieg kritisiert, ja verbietet, der stellt uns damit noch nicht die Adressaten einer solchen Kritik vor Augen. Wem, genau, gilt das pazifistische Kriegsverbot?

Um der Deutlichkeit willen sollten wir uns vom abstrakten Begriffsmonstrum namens ›Krieg‹ erst einmal loslösen und uns klarmachen, dass unter dieser Überschrift die allerverschiedensten menschlichen Handlungen zusammengefasst werden, also ganz konkrete Taten einzelner Personen. Reden wir einstweilen besser von Kriegshandlungen statt von Krieg.

Beispiele dafür sind einerseits Sprechhandlungen der Befehlshaber mit militärischen Folgen, etwa eine Kriegserklärung oder der Befehl zum Abmarsch auf fremdes Territorium oder zur Bombardierung einer Stadt oder zum Beschuss der Angreifer.

Andererseits geht es um die Kampfhandlungen selbst, unabhängig davon, ob durch Ausführung derartiger Befehle oder auf eigene Faust im Chaos des Kriegs: also etwa um die Auslösung eines Raketenangriffs, um die Versenkung eines Schiffs, um die Panzerfahrt unter Beschuss, um die Sprengung einer Brücke zur Unterbrechung der Nachschublinien, um die Verminung eines Hafens, um den Gewehrschuss auf einen Feind.

Aus zwei Gründen benötigen wir keine theoretische Definition dessen, was alle diese sehr verschiedenen Handlungsweisen zu Kriegshandlungen macht. Erstens wissen wir genau genug, was typische Fälle von Kriegshandlungen sind – zweitens wird es bei jeder noch so präzisen Definition Grenzfälle geben, bei denen nicht klar ist, ob sie unter die Definition fallen oder nicht.

Die Unklarheit schadet in unserem Zusammenhang deshalb nicht, weil die pazifistische Haltung so oder so mit Grenzfällen zu kämpfen hat und daher besser als tendenzielle Aussage mit Grautönen verstanden werden sollte statt als Aussage über Schwarz und Weiß. Pragmatisten wehren sich ganz allgemein gegen Denken mit starren Schubladen und sind der Meinung, dass wir uns außerhalb des Elfenbeinturms fast immer mit Tendenz-Aussagen gut genug zu behelfen wissen – pragmatisch eben. Wenn wir diesen Ratschlag annehmen, können wir die tendenzielle Aussage der Pazifisten in erster Annäherung so auf den Punkt bringen: Kriegshandlungen sind der Tendenz nach moralisch zweifelhaft.

Nun ist der Begriff der Kriegshandlung zu eng, um die gesamte Kritik von Seiten des Pazifismus abzudecken. Pazifisten wenden sich nicht nur gegen eindeutige Fälle von Kriegshandlungen, wie ich sie oben aufgezählt habe. Sie gehen weiter und fragen: Wie steht es mit militärischer Rüstung, wie mit Waffenproduktion? Wie mit Waffenlieferungen? Wie mit Waffenlieferungen an Kriegsparteien? Und was ist mit der Weitergabe von Informationen aus militärischer Aufklärung, etwa der exakten Ortskoordinaten eines Schiffs, das dann von einer aktiven Kriegspartei versenkt wird?

Das sind drängende Fragen, die sich nicht allein in der gegenwärtigen Lage stellen. Selbst wenn derartige Handlungsweisen nicht eindeutig unter den Begriff der Kriegshandlung fallen sollten: Der Pazifist wird sie kritischer sehen, als es die meisten seiner Zeitgenossen tun.

Der Deutlichkeit zuliebe könnte man diese weniger drastischen Handlungsweisen als kriegerische Handlungen bezeichnen, nämlich im Unterschied zum spürbar engeren Begriff der Kriegshandlungen, der zuvor mit Beispielen auf dem Tisch lag. Demzufolge wären alle Kriegshandlungen auch kriegerische Handlungen, aber nicht umgekehrt: Eine bloß kriegerische Handlung wie die Lieferung von Panzerhaubitzen an Kriegsparteien ist für sich allein noch keine Kriegshandlung, liegt aber trotzdem in der Schusslinie pazifistischer Kritik.

Auch der Begriff der kriegerischen Handlung ist alles andere als scharf: Wie steht es mit der bloßen Ausbildung von Soldaten an einer Panzerhaubitze? Und was, wenn die Ausbildung auf friedlichem Territorium in Idar-Oberstein stattfindet, die auszubildenden Soldaten aber einer momentan kriegsführenden Nation angehören und die fraglichen Panzerhaubitzen zum Schluss gemeinsam mit ihren frisch ausgebildeten Nutzern in Frontnähe transportiert werden?

Solche Fragen aus der aktuellen Diskussion legen es nahe, die tendenzielle Anmutung noch weiterzutreiben, die bereits in der pazifistischen Haltung zum Vorschein gekommen ist. Demzufolge verfügen wir trotz aller unklaren Grenzen bei Begriffen wie ›Kriegshandlung‹ und ›kriegerische Handlung‹ allemal über einen recht robusten Komparativ: Es lässt sich leicht sagen, ob eine Handlung kriegerisch*er* ist als eine andere – und angesichts dieser komparativen Redeweise sind Pazifisten in einer allerersten Annäherung überzeugt, dass kriegerischere Handlungen der Tendenz nach moralisch zweifelhafter sind als weniger kriegerische Handlungen.

In der Tat, anders als man auf den ersten Blick meinen könnte, haben wir (beim Verstehen und Anwenden) bessere intellektuelle Kontrolle über den Komparativ solcher Ausdrücke als über ihre Grundform. Das jedenfalls ist ein gut gesichertes Ergebnis aus der Wissenschaftsphilosophie: Ob beispielsweise ein Gegenstand warm oder kalt ist, darüber lässt sich endlos streiten; doch ob ein Gegenstand – im Komparativ – wärmer ist als ein anderer, steht einigermaßen fest.[8]

Ähnlich verhält es sich beim Komparativ der mehr oder minder kriegerischen Handlung: Per Kriegserklärung einen Krieg mit zigtausend Todesopfern loszutreten, ist eine kriegerischere Handlung als das Raketenbombardement eines Dorfs, was wiederum kriegerischer ist als die Zerstörung eines Panzers mithilfe einer Panzerfaust. Und das ist wiederum kriegerischer als die Lieferung der fraglichen Panzerfaust oder gar deren Produktion.

Pazifisten sprechen sich der Tendenz nach gegen alle diese Handlungsweisen aus, und sie protestieren besonders vehement gegen die Handlungen, die sich weiter oben auf der Liste finden. Sie meinen: Je kriegerischer, desto schlimmer.

Damit keine Missverständnisse aufkommen: Wenn ich den Pazifismus im erläuterten Sinne als Tendenz-Aussage fasse, dann werden mir in diesem Punkt längst nicht alle Pazifisten zustimmen. Ich spreche jedoch nicht im Namen aller Pazifisten, sondern möchte stattdessen versuchen, eine neuartige Form von Pazifismus zu formulieren. Und in diesem neuen, pragmatistisch instruierten Pazifismus spielen Tendenz-Aussagen eine größere Rolle als in den altbekannten Formen von Pazifismus mit all ihren Schwarz-Weiß-Urteilen.

Tendenz-Aussagen wirken weicher und weniger entschieden als rigorose Totalverbote mit exakt abgezirkelten Grenzen. Doch abgesehen davon, dass solche exakten Grenzen laut Pragmatismus sowieso utopisch sind, muss ich auf den pazifistischen Rigorismus mit seinem Totalverbot von allem Kriegerischen im 5. Abschnitt noch einmal zurückkommen, um ihn mit moralischen Überlegungen zu entkräften. Bevor das geschehen kann, gilt es, knapp zu umreißen, worin das Besondere an moralischen Urteilen besteht.

4. Verschiedene Formen moralischer Urteile

Pazifisten fällen, wie wir gesehen haben, ganz bestimmte moralische Urteile. Bislang habe ich mich mit Blick auf die genaue Art dieser Urteile zurückgehalten, habe von moralischer Kritik geredet, und diese Kritik in die vage Redeweise von moralischer Zweifelhaftigkeit kriegerischer Handlungen eingekleidet. Hier ist größere Deutlichkeit erforderlich.

Was heißt es, ein moralisches Urteil zu fällen? Mit moralischen Urteilen bewerten wir eine Reihe verschiedener Urteilsgegenstände; zum einen bewerten wir Handlungen und Handlungsweisen, zum anderen Personen mitsamt ihren Charaktereigenschaften und schließlich auch noch Institutionen (wie Armeen oder Staaten) bzw. soziale Praktiken (wie Kriegsführung oder Welthandel).

Besonders grundlegend sind die moralischen Urteile über menschliche Handlungen: Wir reden von guten und schlechten Handlungen, von besseren und schlechteren, von richtigen und falschen. Für Tendenz-Aussagen eignet sich zuallererst das mittlere dieser drei Begriffspaare, das mit graduellen Abstufungen aufwartet, doch in der Tradition der westlichen Moralphilosophie recht wenig Beachtung gefunden hat.[9]

Ein Grund dafür mag in der Beobachtung liegen, dass es letztlich gleichgültig ist, ob eine moralisch falsche Handlung besser oder schlechter ist; falsch ist falsch, so mag man meinen. Ist Falschheit im Sinne eines moralischen Verbots gemeint, so hat diese Überlegung einiges für sich. Sie führt dann zu einer etwas reichhaltigeren Einteilung: Handlungen werden geeigneterweise in gebotene, verbotene und erlaubte unterteilt.

Eine solche Dreiteilung ist uns auch aus nichtmoralischen Bereichen geläufig, etwa aus dem Strafrecht. So ist Diebstahl laut Strafgesetzbuch (StGB) juristisch verboten; bestimmte Hilfspflichten kommen als juristische Gebote; Tatbestände schließlich, die im StGB nicht mit einer Strafandrohung versehen sind, gelten als juristisch erlaubt.

In der Philosophie wird darüber gestritten, wie derartige nichtmoralische Regelwerke abzugrenzen sind von den Regeln der Moral. Ja, es ist sogar umstritten, ob es überhaupt so etwas wie fixe moralische Regeln geben sollte – oder ob vielmehr jeder Einzelfall regelfrei aus der konkreten Situation heraus moralisch zu beurteilen ist. Lassen wir das auf sich beruhen, halten wir also an der Existenzberechtigung von Regeln auch in der Moral fest.

Ein klares – wenn auch umstrittenes – Beispiel für eine moralische Verbotsregel wäre der alttestamentarische Satz: »Du sollst nicht töten« (Ex 20,13). Dieses Verbot kann (wenn es denn gilt) unabhängig von geltenden Rechtssystemen bestehen; selbst im rechtsfreien Raum beansprucht es eine gewisse Autorität – eine moralische Autorität.

Damit ist unter anderem gesagt, dass die Verbotsregel an jedermann adressiert ist und dass sie das Leben von jedermann schützt; es kommt bei ihrer Anwendung nicht auf Alter, Beruf, Nationalität, Augenfarbe oder Haarlänge von Täter und Opfer an. Mit anderen Worten: Vor einem moralischen Tötungsverbot sind alle gleich.

Selbst wenn das selten vorkommt, mag es Ethiker geben, die das Tötungsverbot nicht als Tendenz-Aussage, sondern starr und mit maximaler Rigorosität hochhalten; sie lassen keine Ausnahmen zu und vertreten es absolut – völlig unabhängig von den konkreten Gegebenheiten der Situation, unabhängig auch von den Folgen seiner Beachtung im Einzelfall. Demzufolge dürfte man einen kaltblütigen Mörder nicht einmal in Nothilfe oder Notwehr töten, und zwar selbst dann nicht, wenn seine Tötung den einzig möglichen Weg bietet, um die Opfer seiner Aggression zu retten.

Vom Standpunkt einer allgemeinen Menschenliebe betrachtet, ist ein solcher Rigorismus schwer auszuhalten. Er ist entweder blind oder herzlos. Blind ist er, wenn er sich – wie im Beispiel des nur per Todesschuss auszuschaltenden Mörders – einfach darüber hinwegsetzt, dass die rigorose Beachtung des Tötungsverbots durch den, der tötend einschreiten könnte, vermeidbare Opfer der sich abzeichnenden Mordtaten nach sich ziehen wird. Wer diese Opfer nicht sehen will, macht es sich leicht mit der Befolgung eines absoluten, rigorosen Tötungsverbots.

Im Unterschied dazu ist der Rigorismus herzlos, wenn er die Opfer sehenden Auges in Kauf nimmt. In diesem Fall mag sich der herzlose Hilfsverweigerer damit herausreden, dass er die Mordtaten nicht gebilligt hat, dass er sie im Gegenteil ablehnt – dass also nicht er es ist, der die Schuld für die Mordtaten trägt. Und es stimmt ja: Diese Schuld klebt immer noch an den Händen des Mörders.

Trotzdem wirkt die Sache so, als käme es dem herzlosen Hilfsverweigerer zuallererst darauf an, selber moralisch sauber zu bleiben, und zwar unabhängig davon, welche Folgen das für andere nach sich ziehen mag. Eine solche Haltung pflegt man Gesinnungsethik zu nennen.

Sie gilt in der Moralphilosophie weithin als inakzeptabel und wird üblicherweise einer sogenannten Verantwortungsethik gegenübergestellt. Die gilt als akzeptabel und läuft auf die These hinaus, dass man für die Folgen des eigenen Tuns und Lassens verantwortlich ist – und dass sich diese Verantwortung sogar auf die Folgen derjenigen Handlungen eines Dritten erstreckt, die man hätte verhindern können. Demzufolge sind bei einer konsequenten moralischen Betrachtung zuletzt *alle* Folgen einer Handlung zu berücksichtigen.

Was das für einen verantwortungsethisch instruierten Pazifismus bedeuten mag und welche Probleme daraus hervorgehen, wird uns noch beschäftigen. Zuvor soll es darum gehen, den gesinnungsethischen Pazifismus aus dem Spiel zu nehmen.

Zweites Kapitel: Unterwegs zum verantwortungsethischen Pazifismus

5. Kritik am gesinnungsethischen Umgang mit Krieg

Wer ein absolutes, rigoroses, gesinnungsethisches Tötungsverbot im Gepäck hat, ist typischerweise auch als Pazifist unterwegs: Er lehnt jede Beteiligung an kriegerischen Handlungen ab, die unmittelbar den Tod feindlicher Soldaten oder Zivilisten mit sich bringen würden. Und wenn er seine Weste gründlich reinhalten will von jedweder Schuld, wird er sich nicht einmal im Vorfeld unterstützend an solchen Handlungen beteiligen, das heißt, er wird weder Waffen exportieren noch produzieren noch deren Produktion mitfinanzieren. All das lehnt er ausnahmslos ab.

Diese radikale Haltung kommt zuweilen in einer besonders dubiosen Variante vor, die ich als Elitärpazifismus bezeichnen möchte: Aus moralischen Gründen werden *wir* uns nicht an kriegerischen Handlungen beteiligen; aber solche Handlungen müssen leider immer wieder sein, und sie werden zum Glück von anderen vollzogen.

Ungefähr in diesem Sinne haben zwischen deutscher Wiederbewaffnung (1955) und deutscher Wiedervereinigung (1990) viele junge bundesdeutsche Männer den Dienst an der Waffe aus moralischen Gründen verweigert, ohne zugleich für die Abschaffung der Bundeswehr zu plädieren. (Sie mussten sich damals einer Gewissensprüfung unterziehen, in der es weder opportun noch zulässig war, politisch zu argumentieren.)

Nicht viel anders kam es kurz nach der Wiedervereinigung. So führten deutsche und auch japanische Regierungsmitglieder im Jahr 1991 moralische Gründe (die mit dem Zweiten Weltkrieg zu tun hatten) ins Feld gegen eine deutsche bzw. japanische Beteiligung an der militärischen Befreiung Kuwaits von irakischen Besatzungstruppen – und das, obwohl sie sich gleichzeitig *für* die amerikanische Befreiungsintervention aussprachen (und sogar bereit waren, den Amerikanern sehr viel Geld dafür zu geben).

Beide Haltungen sind offenkundig zweifelhaft. Sie beruhen auf einer moralischen Unterscheidung zwischen denjenigen, die sich in einer bestimmten, moralisch besonderen Position befinden, und allen anderen – ohne dass irgendeine moralisch relevante Begründung für solch eine Unterscheidung angeführt würde.

In der Tat: Wenn andere die moralische Drecksarbeit machen sollen, damit die eigene Weste rein bleiben kann, dann hat das mit echter Moral nichts zu tun. Der Elitärpazifismus lässt sich nicht universalisieren – soll heißen, nicht auf jedermann verallgemeinern – und kann deshalb nicht für sich in Anspruch nehmen, überhaupt eine moralische Haltung zu sein.[1]

Um diesem Makel zu entgehen, kann der Pazifist seine kriegskritische Moral kurzerhand auf jeden Akteur ausdehnen. Damit verpflichtet er sich auf eine Haltung, die ich als *pazifistischen Rigorismus* oder als *gesinnungsethischen Pazifismus* bezeichnen möchte: Dem zufolge ist die Beteiligung an jeder beliebigen kriegerischen Handlung moralisch falsch, und zwar einzig und allein deshalb, weil sie kriegerisch ist.

Diese Haltung ist so inakzeptabel wie jede Form von Gesinnungsethik, und wir sollten sie aus denselben Gründen verwerfen wie im Fall des rigoristischen, absoluten Tötungsverbots. In der Tat gehen pazifistische Gesinnungsethiker entweder mit geschlossenen Augen oder mit verschlossenen Herzen durch die Welt: Sie brauchen nicht nach rechts und links zu schauen, wenn sie einfach nur Nein sagen zu jedweder kriegerischen Handlung; es kann ihnen gleichgültig sein, in welcher Situation und warum jemand vorschlägt, zu den Waffen zu greifen. Selbst wenn vor ihrer Haustür die schlimmsten Verbrechen geschehen und selbst wenn sich diese Verbrechen militärisch stoppen ließen – alle diese Einzelheiten sind irrelevant für die Anwendung des rigorosen Verbots kriegerischer Handlungen. Man kann das Verbot also mit geschlossenen Augen hochhalten, predigen, befolgen.

Und es wird auch dann nicht besser, wenn die pazifistischen Gesinnungsethiker ihre Augen öffnen. Dann sehen sie zwar die Opfer von Menschenrechtsverletzungen oder verbrecherischen Angriffskriegen. Doch solange sie an der reinen Lehre ihres Pazifismus festhalten, werden sie mit den Achseln zucken und sogar im Fall bester Erfolgsaussichten trotzdem noch gegen eine militärische Intervention oder Waffenlieferungen oder andere kriegerische Handlungen plädieren. Das lässt sich nur mit verschlossenen Herzen durchziehen und läuft auf die hässliche Botschaft hinaus: So leid es uns tut, ihr seid uns gleichgültig.

Einmal mehr – wie im Fall des rigorosen Tötungsverbots – hat sich also gezeigt, dass wir nicht gut beraten sind, bei der moralischen Überlegung vollständig darauf zu verzichten, die Folgen unseres Tuns und Lassens zu berücksichtigen. Wo der Übergang vom Nichtstun zum Tun gravierende Verbesserungen für die Betroffenen von Menschenrechtsverletzungen oder Angriffskriegen mit sich bringt, da gebietet es die Menschlichkeit einzugreifen.

Das Ergebnis der Überlegung lautet offenbar: Ein plausibler Pazifismus darf weder maßlos noch unverhältnismäßig werden; man sollte ihn nicht um jeden Preis hochhalten. Zieht seine strikte, rigorose Befolgung viel zu schlimme Konsequenzen nach sich, dann muss man sich dem Verbot kriegerischer Handlungen entziehen.

Wenn dem so ist, ergibt sich daraus freilich eine Folgerung, die gerade in unseren Tagen nicht jedem eifrigen Kritiker der pazifistischen Gesinnungsethik schmecken wird. Und zwar erstreckt sich die Überlegung auf alle Formen des gesinnungsethischen Umgangs mit Krieg – also auch auf die gesinnungsethische *Befürwortung* von Krieg, insbesondere auf das, was ich *gesinnungsethischen Verteidigungsbellizismus* nennen möchte. Der besagt Folgendes: Wer Opfer eines unrechtmäßigen, verbrecherischen Angriffskriegs wird, der darf sich – koste es, was es wolle – mit allen militärischen Mitteln gegen den Angreifer zur Wehr setzen; Angriffskrieger dürfen und müssen um jeden Preis gestoppt werden. Und wenn dies den Weltuntergang per Atomkrieg mit sich bringt, »dann soll es halt so sein!«[2]

Insofern auch in dieser gesinnungsethischen Haltung keinerlei Rücksicht auf die Folgen des Tuns (diesmal der Verteidigungsanstrengungen) vorgesehen ist, müssen wir sie derselben Kritik unterziehen wie ihr pazifistisches Gegenstück. Auch die kriegerischen Handlungen eines auf dem Papier noch so berechtigten Verteidigungskriegs können maßlos und unverhältnismäßig werden, und zwar dann, wenn ihre Folgen aus dem Ruder laufen, wenn etwa die Verteidigung die gesamte Menschheit an den Abgrund bringt oder wenn sie verzweifelt bis zum letzten Blutstropfen weitergeführt wird – oder aber bis zu einem Sieg, der für einen viel zu großen Preis an Opfern erkauft wird.

6. Einstein und Russell vertraten ihren Pazifismus mit einer einzigen Ausnahme

Kann sich derjenige überhaupt noch als Pazifist bezeichnen, der unter gewissen Umständen bereit ist, vom pazifistischen Totalverbot jedweder kriegerischen Handlung abzurücken? Gerade unter pragmatistischen Vorzeichen lautet die Antwort: Allerdings, denn Ausnahmen bestätigen die Regel. Es kommt darauf an, wie oft der Pazifist einer Ausnahme das Wort redet. Eine einzige Ausnahme beispielsweise muss noch kein Ende des Pazifismus bedeuten; so weit wäre es erst, wenn nach der ersten Ausnahme die zweite käme, dann die dritte und wenn zuletzt die Ausnahmen zur Regel würden.

Es gibt zwei berühmte Pazifisten, die mit beeindruckender Konsequenz vorgemacht haben, inwiefern es bei der allerersten Ausnahme stehenzubleiben gilt: Die Mathe-Asse Albert Einstein (1879–1955) und Bertrand Russell (1872–1970) waren zur Zeit des Ersten Weltkriegs erklärte Pazifisten und blieben es angesichts der verheerenden Folgen dieses Kriegs jahrelang. Dann kam der Zweite Weltkrieg – und sie haben sich mit guten Gründen für den alliierten Krieg gegen Hitler-Deutschland ausgesprochen. In dieser dramatischen historischen Situation, in der das Überleben der Menschlichkeit auf der Kippe stand, da machten beide schweren Herzens und voller Überzeugung eine Ausnahme von ihrem Pazifismus.

Sahen sie das als Widerlegung ihres pazifistischen Gedankenguts? Keineswegs: Es führte sie vielmehr zu dessen Präzisierung.[3] Sie verstanden sich nach Kriegsende weiterhin als Pazifisten, ergriffen wieder und wieder das Wort gegen Koreakrieg, Hochrüstung, Atomkriegsgefahr. Als Einstein längst gestorben war, protestierte der steinalte Russell noch gegen den Vietnamkrieg. In der Tat gehören beide zur wohl einflussreichsten Handvoll von Pazifisten des vorigen Jahrhunderts.

Russells und Einsteins Beispiel gibt Anlass zu zwei Kommentaren. Erstens liegt es angesichts einer erklecklichen Zahl verbrecherischer Diktatoren, Angriffskrieger, Unterdrücker, Massenmörder und Menschenrechtsverletzer auf unserem Globus jedes Mal nahe, zu fragen, ob nicht schon wieder eine Ausnahme gegeben ist. Pazifisten können die Frage verneinen, ohne sich der Inkonsequenz beschuldigen lassen zu müssen. Denn es ist ein weithin geteilter Konsens, an dem wir festhalten sollten, dass die Kriegsverbrechen der deutschen Truppen und ihrer Helfershelfer im Zweiten Weltkrieg einen einzigartigen Zivilisationsbruch darstellen. Das Ausmaß dieser Einzigartigkeit verlangt geradezu nach der These, dass ein vernünftiger, wohlverstandener Pazifismus aus guten Gründen eine einzigartige Ausnahme haben muss – eben den Krieg gegen Hitler und seine Gefolgsleute.

Dennoch hat es, zweitens, etwas Unbefriedigendes und wirkt wie nicht zu Ende gedacht, wenn der Pazifismus einfach nur als moralisches Verbot aller Kriegshandlungen mit Ausnahme derjenigen gegen Hitler-Deutschland gefasst wird. Denn wir möchten gern durchschauen, worin die Kriterien bestehen, die zum Ausschluss genau dieser einen Ausnahme führen.

Und in der Tat, selbst wenn wir am Konsens über die historische Einzigartigkeit der deutschen Verbrechen gegen die Menschlichkeit im Zweiten Weltkrieg festhalten (wofür ich vehement plädiere), besteht keine Garantie dafür, dass diese Einzigartigkeit auch in Zukunft bestehen bleiben wird. Die Zukunft ist offen, und es ist denkbar, dass demnächst Verbrechen verübt werden, die alles Dagewesene noch in den Schatten stellen. Und was dann?

7. Drei Thesen zwischen Sein und Sollen

Es führt kein Weg daran vorbei: Nach allem Gesagten muss ein pragmatischer Pazifist zugeben, dass nicht nur alliierte Kriegshandlungen gegen Nazi-Deutschland moralisch richtig gewesen sind, sondern dass es theoretisch auch in Zukunft immer wieder moralisch richtige Kriegshandlungen geben *kann*. Um Pazifist bleiben zu können, wird er hinzufügen, dass solche Ausnahmen *tatsächlich* selten oder nie vorkommen, dass es jedenfalls seit dem Zweiten Weltkrieg keine einzige Ausnahme gegeben hat und dass wir weit davon entfernt sind, einer solchen Ausnahme bald ins Auge blicken zu müssen. (Angewandt auf die gegenwärtige Situation, bedeutet das: Putin ist ein Verbrecher, aber kein Hitler.)

Ich halte diese drei Thesen für plausibel, doch bevor ich versuchen werde, einen Rahmen zu bauen, in dem sie einleuchten, möchte ich einen Schritt zurücktreten und fragen: Was für einen Status haben die Thesen? Das ist zumindest in meinen Augen eine – verwirrende – philosophische Frage von größter Bedeutung.

Die letzte der drei Thesen (»Wir sind weit davon entfernt, einer solchen Ausnahme wie dem Krieg gegen Nazi-Deutschland bald ins Auge blicken zu müssen«) klingt zum Beispiel wie eine *Prognose*. Die mittlere These (»Seit dem Zweiten Weltkrieg gab es keine einzige Ausnahme«) klingt wie ein *historisches Resümee* der Jahre zwischen 1945 und jetzt. Und die erste These (»Ausnahmen kommen selten oder nie vor«) klingt wie eine Mischung aus Resümee und Prognose, wirkt also wie eine tentative *Verallgemeinerung*.

Ob Prognose, Resümee oder Verallgemeinerung: Auf den ersten Blick scheint es so, als handele es sich um deskriptive Thesen, die unsere Wirklichkeit beschreiben sollen, in anderen Worten, um Thesen mit Objektivitätsanspruch. Prognosen etwa können objektiv vom späteren Gang der Dinge widerlegt werden; es müsste, so mag man es zuspitzen, nur ein Wiedergänger Hitlers an die Schalthebel einer gut geölten Militärmaschinerie kommen, und sofort hätte sich die Prognose als falsch herausgestellt. Auch ein Resümee kann sich als falsch erweisen, denn es kann den Gang der Geschichte unzutreffend wiedergeben. Und Entsprechendes gilt bei Verallgemeinerungen.

Trotz dieser Überlegung möchte ich (angeregt von pragmatistischen Denkmustern) vorschlagen, die drei genannten Thesen der Pazifisten nicht einfach nur als deskriptiv anzusehen. Meiner Auffassung nach drücken die Thesen auch eine Werthaltung aus; sie sind Ausdruck der sehr speziellen moralischen Weltsicht von Pazifisten. Und wer die Thesen ablehnt, gibt sich dadurch als Gegner der pazifistischen Moral zu erkennen.

Wenn aber der Streit über die drei Thesen unter anderem von der moralischen Weltsicht abhängt, dann steckt in ihnen – auch – ein wertendes Element. Damit möchte ich nicht zurücknehmen, dass den Thesen – auch – ein deskriptiver Zug zukommt. Es handelt sich, so die philosophische Behauptung, um Thesen, *in denen Beschreibung und Bewertung Hand in Hand gehen.*

Zusammengenommen läuft die Behauptung darauf hinaus, dass Pazifisten die Geschichte der Kriege und ihre Zukunft im Lichte ganz bestimmter Werte betrachten; die drei Thesen bieten Ergebnisse einer solchen wertbeladenen Betrachtung. Und wie ich noch dartun werde, kommen die Gegner des Pazifismus nicht vor einem wertneutralen Hintergrund zu ihrer Verneinung solcher Thesen, sondern im Lichte eines konkurrierenden Wertsystems. Wenn ich richtig liege, dann gibt es keinen wertneutralen, rein deskriptiven Standpunkt, von dem aus sich objektiv über das Schicksal der drei Thesen entscheiden ließe. (Und dies Ergebnis lässt sich auf viele andere – scheinbar deskriptive – Sätze übertragen, über die sich Pazifisten mit ihren Gegnern streiten.)

Betrachten wir etwa das erwähnte Resümee des Pazifisten (»Seit dem Zweiten Weltkrieg gab es keinen einzigen Fall von derselben Einzigartigkeit und derselben kriegsauslösenden Dringlichkeit wie die Kriegsverbrechen der Deutschen«). Wer wie die erste rot-grüne Bundesregierung den Pazifismus verworfen hat, mag den Satz bestreiten und kann als Beispiel auf den Kosovokrieg verweisen. Pazifisten und ihre Gegner haben endlos über die historisch richtige Beschreibung des Kosovokriegs gestritten; dieser Streit dauert jetzt mehrere Jahrzehnte (ich werde ihn im fünften Kapitel streifen). Dass der Streit zu keinem einvernehmlichen Ende kommt, hat nichts mit verstockter Unbelehrbarkeit der einen oder anderen Streitpartei zu tun. Nein, auf beiden Seiten des Streites gab es Beobachter, die mit allergrößter Redlichkeit vorgegangen sind, die sich gründlich in die belegten Einzelheiten eingearbeitet haben, die keine Fakten verdreht haben usw.

Trotz alledem konnte keine Einigkeit über ›die‹ eine, historisch korrekte Beschreibung des Kosovokriegs, seiner Vorgeschichte, seiner Ursachen und seiner Wirkungen, seiner Folgen und Nebenfolgen erzielt werden.

Woran liegt das? Wenn die philosophische These zutrifft, die diesem Buch zugrunde liegt, dann lautet die Antwort: Pazifisten sehen den Kosovokrieg in anderem Licht als ihre Kontrahenten; sie sehen ihn vor dem Hintergrund einer ganz bestimmten Werthaltung – ihre Kontrahenten hingegen sehen ihn vor dem Hintergrund einer konkurrierenden Werthaltung.[4]

Mit der Antwort fordere ich eine Binsenweisheit heraus, die uns schon auf der Schule eingeschärft worden ist und die sich weiter Verbreitung erfreut: Wertung und Beschreibung, Sollen und Sein sind strikt voneinander zu trennen. In den Augen der Pragmatisten ist diese Trennung ein Trugbild, eine Schimäre, und damit haben sie meiner Ansicht nach recht.

8. Das Kriterium der Folgen

Am Ende des vorletzten Abschnitts habe ich festgehalten, wie unbefriedigend es ist, ohne weitere Erläuterung eine Haltung zu vertreten, der zufolge alle kriegerischen Handlungen mit Ausnahme derjenigen gegen das sogenannte Dritte Reich moralisch unzulässig sind. Um zu überzeugen, muss eine solchermaßen eingeschränkte pazifistische Haltung zumindest theoretisch auf die moralische Zulässigkeit von Krieg bei künftigen Parallelfällen vorbereitet sein. Und selbst wenn sie – wie im vorigen Abschnitt durchgespielt – darauf besteht, dass solche Parallelfälle *tatsächlich* nicht vorkommen werden, sollte sie ein Kriterium bereithalten, das einerseits auf den Krieg gegen Hitler zutrifft, andererseits auch auf die theoretisch möglichen, aber angeblich faktisch nicht vorkommenden Parallelfälle (und nur auf sie) zutrifft.

Mit anderen Worten: Wir brauchen ein Kriterium, um zwischen moralisch einwandfreien und moralisch unzulässigen Kriegen zu unterscheiden; auch wenn das Kriterium keine völlig trennscharfe Grenze zieht, sondern Tendenz-Aussagen zulässt, muss es wenigstens die Gegend grob markieren, in der die Grenze verläuft. Sowohl die pragmatischen Pazifisten als auch ihre Kontrahenten brauchen eine solche Grenze. Folgerichtig haben beide Seiten dazu eine Reihe ausgefeilter Vorschläge unterbreitet, die sich teilweise überschneiden, sich teilweise aber auch vehement widersprechen – und daher eine eingehende Diskussion erfordern. Das ist ein riesiges moralphilosophisches Projekt, das unseren Rahmen sprengen würde.[5]

Ich werde stattdessen einen einzigen Gesichtspunkt herausgreifen, der in den Vorschlägen fast aller Diskussionsteilnehmer keine kleine Rolle spielt und über den sich viele Pazifisten und die allermeisten ihrer Gegner einig sind – lediglich die gesinnungsethischen Pazifisten hadern mit diesem Gesichtspunkt: Es geht um die verantwortungsethische Folgenabschätzung.

In der Tat, wer sich – wie es nach allem Gesagten plausibel erscheint – von einem rigorosen Totalverbot jeder kriegerischen Handlung löst, von einem gesinnungsethischen Verbot also um jeden Preis, der wird die Folgen von kriegerischem Tun und Lassen auf die eine oder andere Weise berücksichtigen, bevor er sein Urteil über diesen Krieg oder jenen Kriegsverzicht abgibt. (Es spielt für meine weitere Überlegung keine Rolle, ob eine solche Folgenabschätzung für sich allein hinreicht oder ob sie um zusätzliche Gesichtspunkte ergänzt werden muss; mir kommt es nur darauf an, überhaupt einen konkret formulierbaren und nicht unplausiblen Gesichtspunkt zur Verfügung zu haben – welcher auch immer es sein mag. Und da die Folgenabschätzung beim moralischen Streit über Krieg weithin Anklang findet, ist sie unser bestes Pferd im Stall.)

Grob gesagt läuft die verantwortungsethische Folgenabschätzung auf folgende Forderung hinaus: Ein Krieg ist nur dann zulässig, wenn seine Vermeidung einen inakzeptabel größeren Preis an Menschenleben, Verletzungen, Traumatisierungen usw. nach sich zieht als seine Durchführung.[6]

Laut dieser verantwortungsethischen Forderung müssen wir auf die eine Waagschale alles Übel legen, das aus der Beteiligung an dem fraglichen Krieg für sämtliche von ihm betroffenen Menschen resultiert, und auf die andere Waagschale alles Übel bei Kriegsverzicht. Und nur dann, wenn sich die Waage auf der Seite des Kriegsverzichts deutlich nach unten senkt, weil dessen Übel schwerer wiegen, nur dann ist an dessen Stelle der Eintritt in den Krieg moralisch erlaubt und wohl sogar geboten. – Oder um dies Kriterium (den pragmatistischen Überlegungen aus dem 3. Abschnitt zuliebe) als Tendenz-Aussage zu fassen: Ein Krieg ist moralisch umso eher akzeptabel, je deutlicher sich die Waagschale der Übel bei Kriegsverzicht im Vergleich zu den Kriegsübeln nach unten senkt.

Man kann lange darüber streiten, worin, genau, die Maßeinheit bestehen soll, die auf der Waage zur Geltung kommt: Wie verhält sich z. B. das Übel von 100 Toten und 1000 Schwerverletzten zum Übel von 90 Toten und 1200 Schwerverletzten? Das heißt, wie viel Mal schlimmer ist es, zu sterben, als schwerverletzt zu sein? Und was wäre, wenn der fragliche

Krieg z. B. eine größere Todeszahl kostet als Kriegsverzicht, die Überlebenden dafür aber nach dem Krieg in Freiheit leben, während sie ohne Krieg unterjocht leben müssten?

Solche und ähnliche Fragen sind in der philosophischen Fachliteratur hochumstritten; ich brauche sie nicht zu beantworten. Bis auf Weiteres genügt es, dass wir die Methode der Folgenabschätzung in groben Zügen verstehen – und das tun wir schon dann, wenn wir uns klare Beispiele vor Augen führen können, also Beispiele, in denen sich die Waage deutlich genug auf einer der beiden Seiten nach unten senkt.

Ein solches Beispiel ist leicht zur Hand, wenn wir uns wie dargetan dem verbreiteten Konsens über den Krieg der Alliierten gegen Hitler-Deutschland anschließen. Nehmen wir also an, dass der Verzicht Englands, Frankreichs, Russlands und der USA auf kriegerischen Widerstand gegen die deutsche Nazi-Barbarei weit schlimmere Folgen gehabt hätte als der tatsächlich durchgeführte, massive, martialische Widerstand mit all seinen vielen Todesopfern.

Soweit klingt die skizzierte Sichtweise plausibel. Dass sie trotzdem in gravierende Schwierigkeiten gerät, macht die Hauptthese des kommenden Kapitels aus.

Drittes Kapitel: Ein Problem mit der Objektivität

9. Das zweistufige Modell der Subsumption

Weil ich zunächst nicht zu sehr vom Gewohnten abweichen wollte, habe ich mich im vorigen Kapitel eines Denkfehlers schuldig gemacht, den es zu korrigieren gilt. Ich habe mich dort der herrschenden Vorstellung davon angeschlossen, wie wir idealerweise bei der moralischen Überlegung vorzugehen haben, und zwar immer.

Diese Vorstellung ist falsch: Sie beruht auf einer scharfen Trennung von Sein und Sollen. Um zu unserem moralischen Urteil über einen einzelnen Fall zu gelangen (etwa zur Entscheidung zwischen Kriegseintritt und Kriegsverzicht), müssen wir laut herrschender Vorstellung in zwei Schritten vorgehen, indem wir uns von den Tatsachen zum moralischen Urteil bewegen. Im ersten Schritt müssen wir, so die Idee, völlig wertneutral die relevanten Fakten ermitteln, um im zweiten Schritt festzustellen, ob diese Fakten unter das moralische Kriterium fallen, dem wir uns unterworfen haben.

Bei manchen moralischen Kriterien funktioniert dieses Zweistufenmodell tadellos. Sollte ich mich z. B. als Anhänger eines absoluten Tötungsverbotes fragen, ob ich mit der Flinte auf das Herz des mörderischen Butlers zielen und dann feuern darf, so muss ich mir im ersten Schritt die Tatsache vor Augen führen, dass ein solcher Gewehrschuss aller Voraussicht nach den Tod eines Menschen verursacht. Im zweiten Schritt stelle ich fest, dass damit einer derjenigen Tatbestände vorliegt, von dem mein absolutes Tötungsverbot handelt; ich subsumiere – soll heißen: ich wende die moralische Regel auf den in Rede stehenden Entscheidungsfall an – und schließe, dass ich den erwogenen Schuss auf den Butler nicht auslösen darf.

Strafrechtler gehen genauso vor: Sie reden von der Subsumption eines Sachverhaltes, der als Faktum gegeben ist (wie etwa die nächtliche Entwendung einer großen Goldmünze aus einem Museum), unter eine Strafnorm, wie sie im Strafgesetzbuch steht, z. B. »Wer eine fremde bewegliche Sache einem anderen in der Absicht wegnimmt, die Sache sich oder einem Dritten rechtswidrig zuzueignen, wird mit Freiheitsstrafe bis zu fünf Jahren oder mit Geldstrafe bestraft« (§ 242 StGB). Wenn die Strafnorm – wie im Beispiel – auf den Sachverhalt zutrifft, ergibt sich daraus die Strafbarkeit der fraglichen Tat, das Urteil kann gesprochen werden, und der Dieb kommt ins Gefängnis.

In beiden Fällen (Diebstahl bzw. Tötung) erfolgt der erste Schritt – die Ermittlung des Sachverhalts, der Fakten – völlig unabhängig von der Anwendung der Strafnorm bzw. der moralischen Norm. Ja, es gilt sogar als Fehler, wenn sich jemand bei der Ermittlung der Fakten bereits von irgendwelchen Normen leiten lässt: Diese normative Seite soll man, so heißt es, zunächst aus der Angelegenheit ausblenden, um die Fakten auf unvoreingenommene Weise festzustellen, und zwar objektiv. (Was heißt Objektivität? Darüber streiten die Philosophen ohne Ende; in unserem Zusammenhang ist damit nichts anderes gemeint als die von Normen oder Werten unabhängige – oder doch *weitgehend* unabhängige – Ermittlung und Formulierung einer angemessenen Lagebeschreibung.)

Nachdem ich umrissen habe, wie wir laut herrschender Meinung bei der moralischen Beurteilung einzelner Fälle vorgehen müssen, kann ich die Gegenthese aufstellen. Ich behaupte, dass die umrissene Vorgehensweise und die darin eingebaute Trennung zwischen objektiver Beschreibung und subsumierender Bewertung nicht immer funktioniert. Manchmal, das gebe ich zu, funktioniert sie gut genug – etwa wie dargetan in den Händen von Anhängern eines rigorosen Tötungsverbots oder in staatsanwaltlichen Händen beim Einsatz von Strafnormen. Doch dürfen wir daraus nicht schließen, dass sie immer funktioniert. Und meine These lautet, dass sie ausgerechnet in verantwortungsethischen Händen beim Thema Krieg ganz und gar nicht funktioniert. Warum nicht?

Zunächst einmal sind die von uns zu beurteilenden Kriege in ihren faktischen Einzelheiten üblicherweise so unüberschaubar, dass es uns nicht wundern muss, wenn sich selbst die redlichsten, gründlichsten Beobachter nicht objektiv auf eine eindeutige Beschreibung der relevanten Kriegstatsachen einigen können. Der nicht endende Streit über solche Kriegstatsachen beruht demzufolge nicht auf objektiven Fehlern der einen oder anderen Streitpartei, sondern darauf, dass sich die mitlaufenden Wertungen prinzipiell nicht aus der Ermittlung der umstrittenen Tatsachen heraushalten lassen. Es gibt, so könnte man sagen, keine wertfreie Kriegsgeschichtsschreibung.

Ein weiterer Grund dafür, dass das zweistufige Sein/Sollen-Modell bei unserem Thema nicht funktioniert, hat mit einer Besonderheit der verantwortungsethischen Folgenbetrachtung zu tun, die zu selten gewürdigt wird. Wer diese Folgenbetrachtung gemäß dem Bild von den beiden Waagschalen aus dem vorigen Abschnitt erfolgreich zum Abschluss bringen möchte, muss nämlich nicht nur den tatsächlichen Ablauf der Dinge kennen (was bei so verwickelten Sachverhalten wie im Fall von Krieg schon für sich allein gesehen schwierig genug ist); er muss zusätzlich wissen, wie sich die Dinge in alternativen Szenarien entwickelt *hätten*: was also dann geschehen wäre, wenn z. B. an die Stelle eines bestimmten Kriegs der Verzicht auf diesen Krieg getreten *wäre*. Die philosophische Schwierigkeit, die sich hier auftut, hat damit zu tun, dass alternative Szenarien kein Teil der Wirklichkeit sind; sie lassen sich nicht so beobachten wie der Krieg vor unserer Haustür.

Wie objektiv sind wir nun bei der Ermittlung derjenigen kriegerischen Tatbestände, die sich in unserer Welt genau *nicht* abspielen? Meine pessimistische Antwort auf diese Frage ist das Thema der kommenden Abschnitte.

10. Was wäre, wenn?

Wir sind, so die verantwortungsethische Idee, dafür mitverantwortlich, ob sich dieser oder jener Gang der Dinge ergeben wird. Als Verantwortungsethiker müssen wir den tatsächlichen Gang der Dinge infolge einer geplanten Entscheidung punktgenau mit demjenigen alternativen Gang der Dinge vergleichen, der sich infolge einer Alternativentscheidung ergeben *hätte* bzw. noch ergeben *würde*.

Was im Einzelnen *tatsächlich* geschehen ist bzw. noch geschehen wird, ist im Prinzip eine objektive Frage. So weit, so schön; wir können uns zur Verdeutlichung vorstellen, dass jedwedes historisches Ereignis *en détail* per Film- und Tonaufnahme dokumentiert worden ist bzw. noch dokumentiert werden wird. Das ist natürlich eine Idealisierung: Wer sich über historische oder zukünftige Einzelereignisse den Kopf zerbricht, mag es bisweilen schwer haben, die Wahrheit zu treffen. Eine zwar prinzipiell mögliche Totaldokumentation liegt nicht vor, viele Spuren sind verwischt, Zeugen lügen, die Zukunft ist offen, das Unerwartete geschieht.

Doch selbst dann, wenn wir die Wahrheit über irgendein *vergangenes* Einzelereignis nicht erkennen können, trifft im Streit über dieses Ereignis immer nur höchstens eine der Streitparteien ins Schwarze; welche Partei unrecht hat, steht objektiv fest und könnte im Prinzip den Film- und Audiodokumentationen entnommen werden. Diese Objektivität erstreckt sich sogar auf den Streit über ein *künftiges* Einzelereignis: Jetzt mögen wir vielleicht noch nicht wissen, ob die Sache so oder anders ausgehen wird; doch am Ende wird es sich herausstellen.

So viel zur Objektivität von Behauptungen darüber, was sich tatsächlich im Einzelnen ereignet hat oder ereignen wird. Ganz anders verhält es sich mit Behauptungen über alternative Abläufe aus Geschichte oder Zukunft. Was gestern geschehen wäre, wenn wir uns vorgestern anders entschieden hätten, bzw. was morgen geschehen würde, wenn wir uns heute anders entschieden – das beides ist kein Teil der Wirklichkeit, der sich im Prinzip zum fraglichen Zeitpunkt per Film- und Tonaufnahme dokumentieren lässt. Man kann z. B. nicht sehen oder hören, also auch nicht filmen, was im Falle gestriger Alternativentscheidungen genau jetzt und genau hier geschehen *würde*.

Viele Philosophen lokalisieren alternative Geschehnisse (die sich etwa infolge von Alternativentscheidungen entfalten) in anderen möglichen Welten. Das ist eine verführerische Redeweise, der zufolge wir einerseits unsere tatsächliche Welt haben, andererseits gleichsam nebenan allerlei Alternativwelten, die sich bis zu irgendeiner Entscheidung X genauso entwickelt haben wie die unsere, die aber seit X anders verlaufen, und zwar deshalb, weil in diesen Welten anstelle von X die Alternativentscheidung Y bzw. Z usw. getroffen worden ist.

Philosophen vertreten sehr unterschiedliche Konzeptionen solch möglicher Welten. Doch sind sich die meisten darin einig, dass diese Welten nicht in demselben Sinne existieren wie die unsere.[1] Und alle sind sich darin einig, dass wir solche Welten weder beobachten noch bereisen können: Weder gibt es ein besonderes Teleskop noch ein besonderes Raumschiff, mit dessen Hilfe sich die Distanz zwischen unserer und irgendeiner anderen, möglichen Welt überwinden lässt.[2] Schon der Gedanke an eine Distanz zwischen beidem ist buchstäblich genommen Unfug.

Und so erscheint die philosophische Rede von möglichen Welten einigermaßen rätselhaft. Eine Reihe von Philosophen ist sogar so weit gegangen, die ganze Konzeption zu verwerfen. Doch sollte man sich bei dieser Frage hüten, das Kind gleich mit dem Bade auszuschütten. Selbst wenn die Rede von möglichen Welten nicht mehr ist als eine irreführende *façon de parler*, reden wir in Alltag, Wissenschaft und Moral ohne Bedenken und erstaunlich einvernehmlich von alternativen Abläufen. Unser vielleicht harmlosestes sprachliches Werkzeug hierfür sind irreale Wenn-dann-Sätze, die wir auf Deutsch im Konjunktiv II formulieren (›hätte‹, ›wäre‹ usw.) und die oft auch als kontrafaktische Konditionalsätze bezeichnet werden. Vier Beispiele für solche Sätze bespreche ich im kommenden Abschnitt. Wie sich dabei herausstellen wird, ist mancher, aber nicht jeder dieser Sätze so objektiv, wie man es wünschen kann. Dass ausgerechnet die Wenn-dann-Sätze über Krieg alles andere als objektiv funktionieren, ist eines der Hauptergebnisse dieses Buchs und wird in späteren Abschnitten begründet.

11. Verrückte und weniger verrückte Beispiele für kontrafaktische Wenn-dann-Sätze

Betrachten wir folgende vier Beispiele für kontrafaktische Wenn-dann-Sätze:

(1) Wenn das Kluntjestück in den heißen Tee geworfen worden wäre, dann hätte es sich darin aufgelöst.
(2) Wenn die Mörderin das Gewehr nicht auf den Butler abgefeuert hätte, dann wäre er nicht kurz darauf an seiner Schussverletzung gestorben.
(3) Wenn die Bombe nicht mit Dynamit, sondern mit Zimt gefüllt gewesen wäre, dann wäre sie nicht explodiert.

(4) Wenn Putins Großmutter Räder gehabt hätte, dann wäre sie ein Omnibus gewesen.

Die Sätze unterscheiden sich voneinander in einer Reihe von Gesichtspunkten; ich habe sie ohne große Hintergedanken nach der Ungewöhnlichkeit der Wenn-Sätze sortiert. Weil man etwa in Friesland immer wieder Kluntje in die dampfende Teetasse wirft, ist der Wenn-Satz aus (1) alles andere als seltsam. Und weil wir genug über die Lösungseigenschaften von Zuckerkristallen wie den in Friesland verwendeten Kluntjestücken wissen, können wir dem kontrafaktischen Gesamtsatz (1) guten Gewissens zustimmen. Und das können wir selbst dann tun, wenn das fragliche Kluntjestück während seiner gesamten Lebensdauer *tatsächlich* in keinerlei Kontakt mit Tee oder anderen Flüssigkeiten gerät, sondern z. B. stattdessen während eines Städtebombardements vollständig verbrennt.

Der Wenn-Satz aus (2) mag zwar weniger alltäglich sein als sein Gegenstück aus (1); zum Glück sind Mord und Totschlag in unseren Breiten nicht an der Tagesordnung. Aber es gibt Mörder, und wir können uns gut vorstellen, dass jene Mörderin des Butlers, um die es in dem Satz geht, in letzter Sekunde hätte Gewissensbisse bekommen können. Zudem ist unsere Kenntnis der Mechanismen eines geladenen Gewehrs einerseits und des Sterbens an einer Schusswaffenverletzung andererseits so gefestigt, dass wir auch dem Gesamtsatz (2) bedenkenlos beipflichten dürfen.

Ein kontrafaktischer Wenn-dann-Satz wie (3) kommt uns bereits eigenartiger vor, und zwar auch aus dem Grund, weil der Wenn-Satz wie ein schlechter Scherz wirkt: Was könnte man damit bezwecken wollen, die hochexplosive Füllung einer echten Bombe auch nur in Gedanken durch ein wohlriechendes Gewürz zu ersetzen! Doch wenn man uns die Pistole auf die Brust setzt und nach dem Wahrheitswert des Gesamtsatzes (3) fragt, werden wir ihn aller Voraussicht nach einhellig bejahen. Bomben mit Dynamit können explodieren, wie wir wissen; Bomben völlig gleichen Aufbaus, aber mit Zimtfüllung dürften harmloser sein, so nehmen wir zumindest an – und das überzeugt uns von der Wahrheit dieses seltsamen Satzes.

Der Satz (4) geht im Vergleich zu den ersten drei Sätzen eindeutig zu weit. Erstens wissen wir nicht, was es heißen könnte, dass an irgendeiner Großmutter Räder anmontiert sein sollen; wir wissen also nicht, was dann noch alles der Fall wäre, und so können wir die Wahrheit des Gesamtsatzes kaum seriös beurteilen. Zweitens: Schon allein durch den Wenn-Satz, erst recht aber durch den angehängten Dann-Satz, bekommt das Ganze einen frauenfeindlichen Unterton; wir möchten einen solchen Satz lieber gar nicht erst hören. Doch vielleicht hat der Satz, drittens, eine völlig andere Funktion? Wenn ich nach einer lebensechten Situation für den Gebrauch dieses Satzes suche, dann kommen mir nur überschäumende Debatten in den Sinn, in denen ein Sprecher mit extremen, hergeholten kontrafaktischen Wenn-dann-Sätzen um sich geworfen hat (wie etwa mit Sätzen über Zimt in Bomben); diesen Sprecher mag dann ein anderer Sprecher mithilfe des Satzes (4) zur Ordnung rufen. Die Botschaft wäre: »Hör bitte auf, uns mit kontrafaktischen Spiegelfechtereien zu verwirren«. Es wäre genauso passend, den Spott aus (4) wie folgt auszudrücken: »Hätte, hätte, Panzerkette«.[3] Solche Äußerungen drücken die bodenständige Weigerung aus, allzu exaltierte Wenn-dann-Sätze in den Blick zu nehmen.

Kurzum, in unserer kleinen Beispielsammlung finden sich zwei bis drei seriöse Sätze (1) bis (3) und ein Satz (4), bei dem sich die Frage nach seiner objektiven Wahrheit verbietet. Was ist den seriösen Wenn-dann-Sätzen gemeinsam? Ohne eine umfassende Antwort auf die Frage geben zu können, möchte ich auf eine Gemeinsamkeit der Sätze (1) bis (3) aufmerksam machen, die in meinen Augen von größter Bedeutung ist: *Unser Vertrauen in die Wahrheit aller drei Sätze hängt mit dem berechtigten Vertrauen in die Naturwissenschaft und deren Einsichten in gesetzmäßige Kausalverhältnisse zusammen; die Sätze ergeben sich aus unserer – weitgehend – objektiven Naturwissenschaft.*

So kennen wir die physikalischen Kausalgesetze der Wasserlöslichkeit gewisser Kristalle, die biologischen Gesetzmäßigkeiten der verheerenden Wirkungen schneller Gewehrkugeln auf noch so gesunde Herzen sowie die chemischen Kausalgesetze von Explosivstoffen und ihren weniger explosiven, wohlschmeckenden Gegenstücken gut genug, um mit größter Sicherheit kausal vorhersagen zu können, was geschehen wird, sobald wir einen der drei Wenn-Sätze wahrmachen. Solche Vorhersagen haben sich tausendfach bestätigt und hängen engstens mit dem gesamten Schatz unserer naturwissenschaftlichen Errungenschaften zusammen, die wiederum als bestens bestätigt gelten dürfen.

Anders gesagt fußen die drei kontrafaktischen Wenn-dann-Sätze auf der erfolgreichen naturwissenschaftlichen Untersuchung kausaler Verhältnisse *unserer* Wirklichkeit (also genau nicht auf der Untersuchung *alternativer* Wirklichkeiten). Und insofern wir unsere Naturwissenschaft als überaus objektives Unterfangen auffassen dürfen, ja als allerobjektivstes Unterfangen, das uns im Laufe der Menschheitsgeschichte gelungen ist, vererbt sich diese hohe Objektivität auf die drei Wenn-dann-Sätze. Die Sätze handeln zwar dem Wortlaut nach nicht von Geschehnissen in unserer tatsächlichen Wirklichkeit – doch beziehen sie ihre große Glaubwürdigkeit aus Gesetzen, die wir unserer Wirklichkeit mit den allerbesten Erkenntnismitteln abgerungen haben. Man könnte sogar sagen, dass sie gegen den ersten Anschein eine verkappte Art und Weise bieten, doch von unserer Wirklichkeit zu sprechen: und zwar von eben jenen Naturgesetzen, die bei uns gelten.

Wie anders steht es in dieser Hinsicht mit dem Satz über Putins Großmutter! Es gibt keine Naturwissenschaft, die von Menschen mit anmontierten Rädern handelt. Wenn wir nun einerseits seriöse, naturwissenschaftlich abgestützte Wenn-dann-Sätze formulieren können, andererseits aber unseriöse Wenn-dann-Sätze, dann fragt sich: Was ist von den kontrafaktischen Wenn-dann-Sätzen über Krieg zu halten, wie wir sie für verantwortungsethische Bewertungen benötigen? Diese Frage ist Gegenstand der kommenden Abschnitte.

12. Wie objektiv sind kontrafaktische Sätze über Krieg?

Im vorletzten Abschnitt habe ich dargelegt, dass verantwortungsethische Positionen zum Thema Krieg nicht ohne kontrafaktische Wenn-dann-Sätze auskommen. Dass derartige Sätze etwas Rätselhaftes an sich haben, ist im letzten Abschnitt zutage getreten; man weiß nicht recht, von welcher Wirklichkeit sie handeln und wie viel Objektivität ihnen zukommt. Einerseits gibt es – Stichwort Oma als Omnibus – geradezu verrückte kontrafaktische Wenn-dann-Sätze, deren Wahrheitsfähigkeit null und nichtig ist; man sollte sich mit ihnen besser nicht abgeben. Andererseits gibt es kontrafaktische Wenn-dann-Sätze, über deren Wahrheitswert kaum Meinungsverschiedenheiten bestehen. Ein Ergebnis der Betrachtung lautete, dass wir die seriösen Wenn-dann-Sätze ohne Bedenken als objektiv ansehen dürfen und dass sie ihre Objektivität aus der objektiven Naturwissenschaft beziehen, auf der sie fußen.

Um die Ergebnisse der beiden Abschnitte zusammenzuführen, möchte ich fragen: Wie steht es mit denjenigen kontrafaktischen Wenn-dann-Sätzen, die wir für die verantwortungsethische Beurteilung von Kriegen benötigen? Meiner Ansicht nach liegen sie in Sachen Seriosität und Objektivität irgendwo zwischen dem Humbug mit großmütterlichen Omnibussen und den auf Naturwissenschaft fußenden drei Beispielen, die einer optimistischeren Behandlung zugänglich waren. Wie ich also zeigen möchte, ist beim erkenntnistheoretischen Blick auf die fraglichen Sätze über Kriegsalternativen eine Mischung aus Pessimismus und Optimismus angebracht.

Genauer gesagt vertrete ich einerseits die pessimistische These, dass wir im Allgemeinen über kontrafaktische Sätze zum Thema Krieg und Frieden nicht mit derselben Objektivität befinden können wie im Fall einfacherer Sätze à la (1) bis (3). Die Wahrheit dieser einfacheren Sätze beruht letztlich auf kausalen Mechanismen, die wir naturwissenschaftlich bestens überschauen. Doch Menschen mit all ihren ineinandergreifenden Entscheidungen im Kriegsgeschehen sind undurchschaubarer als Kristalle, Explosivstoffe oder Kadaver infolge Schusswaffengebrauchs: Sie entziehen sich der Kausalanalyse.

Andererseits vertrete ich die optimistische These, dass wir uns trotzdem ein recht gut begründetes Urteil über die Wahrheit oder Falschheit solcher Sätze zurechtlegen können. Die Sätze sind zwar weit entfernt davon, sich wertfrei beurteilen zu lassen; sobald wir aber bereit sind, diejenige Wertperspektive einzubeziehen, vor deren Hintergrund wir auch sonst urteilen, stehen sie nicht besser und nicht schlechter da als eben diese Wertperspektive.[4] Und wer (wie die Pragmatisten) eine optimistische Erkenntnistheorie bei moralischen und bei Wertfragen vertritt, hat genau deshalb gute Chancen, auch bei kontrafaktischen Wenn-dann-Sätzen über Krieg hinreichend akzeptable Erkenntnismöglichkeiten auszumachen.[5] Sie sind zwar nicht so objektiv wie wertfreie Naturwissenschaft, sind aber auch nicht so subjektiv wie kulinarische Geschmacksurteile oder so verrückt wie Urteile über kontrafaktische Omas als Omnibusse.

Doch eins nach dem anderen; meine optimistische Pointe muss ich mir für später aufheben. Zunächst geht es um die pessimistische Seite der Medaille: Menschen lassen sich in ihren Entscheidungen und in ihren Reaktionen aufeinander weder mit Maschinen noch mit sonstwie naturwissenschaftlich durchkalkulierbaren Kausalmechanismen gleichsetzen. Das gilt besonders im Falle drastischer Krisen – und am deutlichsten in demjenigen chaotischen Geschehen, das wir als Krieg bezeichnen. Fürchterliche Beispiele dafür bringe ich im kommenden Kapitel.

Viertes Kapitel: Werte bei der kontrafaktischen Betrachtung der Wirklichkeit

13. Bombenkrieg über deutschen Städten

Wer – so wie ich es im Gefolge der Pazifisten Russell und Einstein vorschlage – den französischen, britischen und amerikanischen Eintritt in den Krieg gegen Hitler-Deutschland verantwortungsethisch richtig findet, der muss deshalb noch lange nicht allen Kriegshandlungen der Alliierten moralischen Beifall zollen. Nicht nur Pazifisten haben bestritten, dass die massive Bombardierung deutscher Städte in den letzten Kriegsmonaten durch britische und amerikanische Flugzeuggeschwader ethisch richtig war.

Um diese Einsätze verantwortungsethisch beurteilen zu können, müssen wir zuallererst die gut dokumentierten Fakten des Bombenkriegs möglichst umfassend zusammenstellen. Eine solche Arbeit ist vor einiger Zeit von Jörg Friedrich in seiner Monographie *Der Brand* versucht worden, in einem Buch, über das in Deutschland und auch in Großbritannien erbittert gestritten wurde.[1] Ich werde mich nicht an diesem Streit beteiligen, denn ich möchte Buch und Streit nur zum Gegenstand einer übergeordneten philosophischen Betrachtung machen.

Das Buch enthält eine Fülle von Beschreibungen der Bombardements deutscher Städte durch britische und amerikanische Flugzeugmannschaften. Ob die Berichte allesamt zuverlässig sind und ob ihre Gesamtheit den europäischen Luftkrieg zwischen 1939 und 1945 angemessen widerspiegelt, kann ich offenlassen, da es mir auf etwas anderes ankommt. Mir genügt es, dass diese Berichte immerhin einen prinzipiell berechtigten Anspruch auf Objektivität erheben dürfen. Sie betreffen den tatsächlichen Gang der Dinge eines Ausschnitts aus dem

Zweiten Weltkrieg, *können* also immerhin objektiv wahr oder falsch sein. Und ob sie das eine oder das andere sind, hängt nicht von den Werthaltungen des Urteilenden ab.

Doch meiner Ansicht nach reichen alle diese objektiven Einzelheiten nie und nimmer aus, um ein verantwortungsethisches Abschlussurteil über den Bombenkrieg zu fällen. Denn für das moralische Abschlussurteil brauchen wir nicht nur solche Einzelfakten, wie brauchen dafür auch eine Beurteilung von Aussagen wie der folgenden:

(5) Selbst wenn die Alliierten davon abgesehen hätten, hunderte deutscher Städte zu bombardieren und in weiten Teilen zu zerstören, hätte der Zweite Weltkrieg in Europa nicht wesentlich länger gedauert und hätte insgesamt auch nicht mehr Opfer gefordert als im tatsächlichen Kriegsverlauf.

Der Satz stammt von Kritikern des alliierten Bombenkriegs und ist seinerseits hochumstritten.[2] Durch noch so gründliche Suche in den Archiven können wir ganz sicher keine einvernehmliche Entscheidung über den Satz herbeiführen; Berichte über alternative Kriegsverläufe finden sich nicht in den archivierten Dokumenten (und das aus prinzipiellen Gründen – nicht etwa deshalb, weil Archivmaterial verlorengegangen wäre).

Wer dem Satz also ein halbwegs akzeptables Maß an Objektivität zuzuschreiben wünscht, müsste ihn nach dem Muster anderer seriöser Wenn-dann-Sätze auffassen, und das würde im Lichte der Überlegungen des vorletzten Abschnitts bedeuten, dass ein kausaler Mechanismus namhaft zu machen wäre, dessen An- oder Abwesenheit für die Wahr- oder Falschheit des Satzes bürgen könnte. Doch ist ein solcher Mechanismus weit und breit nicht in Sicht.

Vergleichen wir die Sache mit den zuvor betrachteten Wenn-dann-Sätzen. Bei der Löslichkeit von Zuckerkristallen und der Tödlichkeit von Gewehrschüssen sind wir uns sicher genug über den jeweils zugrundeliegenden Kausalmechanismus; dessen objektive Feststellbarkeit garantiert die Objektivität seriöser Wenn-dann-Sätze wie (1) »Wenn das Kluntjestück in den heißen Tee geworfen worden wäre, dann hätte es sich darin aufgelöst« bzw. (2) »Wenn die Mörderin das Gewehr nicht auf den Butler abgefeuert hätte, dann wäre er nicht kurz darauf an seiner Schussverletzung gestorben«. Bei diesen Beispielen geht alles erkennbar mit rechten Dingen zu; unser Wissen um (1) und (2) ruht wie gesagt auf solidem Grund.

Beim Wenn-dann-Satz (5) über den Bombenkrieg hingegen verfügen wir nicht über den leisesten Hauch einer vergleichbaren Abstützung. Weder können wir derzeit auf historische Gesetzmäßigkeiten von vergleichbarer Korngröße und vergleichbarer Vertrauenswürdigkeit zugreifen wie bei den naturwissenschaftlichen Gesetzmäßigkeiten etwa zur Löslichkeit von Kristallen; noch besteht der geringste Anlass für die Annahme, dass unsere Geschichtswissenschaft jemals mit solchen Gesetzmäßigkeiten aufwarten kann.

Und das bedeutet, dass der Satz (5) wissenschaftlich in der Luft hängt. Umso überraschender will es scheinen, dass wir uns trotzdem endlos über ihn streiten können. Worum dreht sich dieser Streit? Laut meiner Diagnose handelt es sich nicht um einen rein deskriptiven Streit über Fakten aus dem Zweiten Weltkrieg, sondern um einen Streit über die angemessene Bewertung dieser Fakten, genauer gesagt um einen Streit darüber, im Lichte welcher Werturteile wir die unstrittigen Tatsachen des Bombenkriegs sehen wollen.

14. Strittige Werte im Hintergrund des Streits über Wenn-dann-Sätze zum Bombenkrieg

Um meine Überlegungen zum kontrafaktischen Wenn-dann-Satz über den Bombenkrieg zuzuspitzen, stelle ich die These auf, dass wohlinformierte Geschichtskenner sich sogar dann mit Blick auf den Satz uneins sein können, wenn sie mit Blick auf *alle* Einzelfakten des Zweiten Weltkriegs einig sind.

Da fragt man sich doch: Worüber streiten sie sich denn eigentlich, wenn sie sich hinsichtlich der Einzelfakten aus dem Luftkrieg einig sind? Der Pragmatismus legt die Antwort nahe, dass beide Seiten in einen Streit über Werte verwickelt sind.

Dieser Streit ist selbstverständlich nicht unabhängig von den tatsächlichen Luftkriegsgeschehnissen zwischen 1939 und 1945. Einzelfakten gehen sehr wohl in den Streit ein; der Streit wird gleichsam auf ihrem Boden ausgetragen, und dabei mag es unter anderem um Fragen der angemessenen Betonung sowie der richtigen Gewichtung einzelner Fakten gehen. Um den Satz:

(5) Selbst *wenn* die Alliierten davon abgesehen hätten, hunderte deutscher Städte zu bombardieren und in weiten Teilen zu zerstören, hätte der Zweite Weltkrieg in Europa nicht wesentlich länger gedauert und hätte insgesamt auch nicht mehr Opfer gefordert als im tatsächlichen Kriegsverlauf,

abzustützen, kann ein Kritiker des alliierten Luftkriegs auf folgendes Faktum verweisen, das wir uns als objektiv gegeben denken dürfen:

(6) Selbst *nachdem* über Berlin zigtausend Tonnen Bomben abgeworfen und ein erheblicher Anteil der Wohnhäuser

> zerstört worden waren, zeigte sich in der Hauptstadt-Bevölkerung kein nennenswerter Widerstand gegen Hitlers Regime.[3]

Anders als bei den zuvor betrachteten Wenn-dann-Sätzen handelt dieser Satz nicht von kontrafaktischen Verhältnissen, sondern einfach nur von einer zeitlichen Abfolge in Berlin; erst wurde (so die Botschaft) bombardiert, danach wurde immer noch nicht kritisiert. Ob es sich so verhalten hat, ist eine objektiv beantwortbare Frage. Aber die richtige Antwort auf die Frage entscheidet den Gesamtstreit nicht. Ein Befürworter des Luftkriegs muss den Satz nicht angreifen, um an seinem Urteil gegen (5) festhalten zu können; stattdessen kann er beispielsweise die Bedeutung von (6) relativieren, indem er etwa auf den Unterschied zwischen öffentlich zur Schau getragenem Widerstand und innerem Widerstand aufmerksam macht.

Übrigens kann der Streit über den Luftkrieg auf beiden Seiten sogar mit ein und derselben verantwortungsethischen Werthaltung Hand in Hand gehen; nur vor diesem gemeinsamen Hintergrund erscheint so ein Streit überhaupt lohnend: Beide Seiten werden den Einsatz militärischer Gewalt nicht rigoros ablehnen, und sie werden ihn (wie gehabt) dann gerechtfertigt finden, wenn seine Opfer weniger schlimm ins Gewicht fallen als die Opfer, die sich bei Verzicht auf den fraglichen Gewalteinsatz ergeben hätten.

Angenommen, dass beide Seiten sowohl bei den Einzelfakten des Luftkriegs als auch in Sachen Verantwortungsethik derselben Meinung sein können: Woraus erklärt sich denn dann ihr Streit über den kontrafaktischen Wenn-dann-Satz? Laut meiner Sicht verschmelzen im Urteil über den Satz (5) Beschreibung und Bewertung aufs engste. Wie in diesem Verschmelzungsprozess Beschreibung und Bewertung zusammenwirken und ob es dabei zur Ablehnung oder Bejahung des

Wenn-dann-Satzes kommt, das hängt unter anderem von den individuellen Werthaltungen des Urteilenden ab.

Welche Wertungen sich im Einzelnen auf die Beurteilung kontrafaktischer Sätze über Krieg auswirken und wie sie das tun, werde ich später anhand weiterer solcher Sätze vorführen. An dieser Stelle mag es genügen, ein Indiz dafür zu liefern, das überhaupt für einen Einfluss von Wertungen spricht. Und zwar wird der Satz von Leuten verschiedener Weltanschauung üblicherweise recht unterschiedlich beurteilt: Ein konservativer britischer Patriot und ein linker deutscher Antifaschist gelangen dabei ziemlich sicher zu anderen Resultaten als patriotische Deutsche oder internationalistische Briten. Zur Rechtfertigung der Bombardements werden sich die ersten beiden – trotz ihrer überaus unterschiedlichen Weltanschauung – schnell auf die Kritik am Satz (5) verständigen können, während die letzten beiden im Rahmen ihrer ebenfalls divergierenden Weltanschauungen mit aus ihrer Sicht guten Gründen an dem Satz festhalten dürften:

(5) Selbst wenn die Alliierten davon abgesehen hätten, hunderte deutscher Städte zu bombardieren und in weiten Teilen zu zerstören, hätte der Zweite Weltkrieg in Europa nicht wesentlich länger gedauert und hätte insgesamt auch nicht mehr Opfer gefordert als im tatsächlichen Kriegsverlauf.

Was hier als guter Grund zählt, steht erst vor dem Hintergrund der jeweiligen Weltanschauung fest. In verantwortungsloser Verkürzung: Bei den britischen Patrioten gilt etwa der Satz »right or wrong, my country«; angesichts dieser stolzen Wertung ist es fast schon undenkbar, dass die Soldaten des eigenen Landes tausende von Zivilisten getötet haben sollen, ohne dass dafür irgendeine militärische Notwendigkeit (etwa der opfersparenden Kriegsverkürzung) gegeben gewesen wäre. Deutsche Antifaschisten sehen dagegen die Wurzel allen Übels in ihrem eigenen Land, und darum kann es nicht sein, dass ausgerechnet die alliierten Kämpfer gegen Nazi-Deutschland das begangen haben sollen, was im Lichte des Satzes (5) als Kriegsverbrechen zu werten wäre.

Soll das heißen, dass all diese Haltungen gleichermaßen richtig sind – *anything goes?* Auf die berechtigte Frage möchte ich eine doppelte Antwort vorschlagen. Erstens: Ja; alle vier Positionen sind angesichts der objektiv gegebenen Fakten gleichermaßen respektabel. Das bedeutet, dass die Fakten kein Veto gegen die fraglichen Positionen einlegen. Und zweitens: Nein; wenn wir diese Positionen nicht allein an den objektiv gegebenen Fakten messen, sondern darüber hinaus auf umfassende Stimmigkeit hin abklopfen, dann dürften sich die Patrioten aller Herren Länder und die Antifaschisten – unabhängig von ihrem Urteil über (5) – pragmatistisch in einer deutlich schlechteren Position wiederfinden als die Internationalisten.

Den Begriff der umfassenden Stimmigkeit werde ich im letzten Kapitel eingehend erläutern. Hier vorläufig nur so viel: Fast jeder gibt zu, dass ein Gemenge aus Gnadenlosigkeit, Hass und Verachtung ein hässlicher Gemütszustand ist (unabhängig davon, ob er sich in Form von Verachtung anderer Nationen oder als Selbsthass oder in Form von Gnadenlosigkeit gegenüber Ausgebombten zeigt). Und in den patriotischen Urteilen über den Wenn-dann-Satz (5) schwingt nicht anders als im antifaschistischen Urteil über den Satz ein Gutteil an Gnadenlosigkeit, Menschenverachtung, ja an Hass mit. Es ist nicht stimmig, Hass und Ähnliches abzulehnen, diese Zustände aber gleichzeitig zu kultivieren. Internationalisten aus aller Welt können diese Unstimmigkeit vermeiden – Solidarität ist die Zärtlichkeit unter den Völkern.

Mir ist klar, dass meine Zurückweisung des *anything goes* bis hierher zu knapp ist, um als letztes Wort gelten zu können. Welche Rolle das Ideal der Stimmigkeit für einen pragmatischen Pazifismus spielt, werde ich erst ganz am Ende dartun können. Es handelt sich um ein Ideal, das von so verschiedenen Denkern wie Johann Wolfgang Goethe (1749–1832), den Klassikern des nordamerikanischen Pragmatismus und den neueren Neopragmatisten hochgehalten worden ist.

15. Beispiel Folter

Im vorigen Abschnitt habe ich kontroverse Beurteilungen eines kontrafaktischen Wenn-dann-Satzes über den alliierten Bombenkrieg dadurch erklärt, dass ich auf die unterschiedlichen Werthaltungen und Weltanschauungen der Urteilenden verwiesen habe: Das jeweilige Urteil über den Wenn-dann-Satz, so meine These, kann geradezu als Ausdruck solcher Werthaltungen und Weltanschauungen wie Patriotismus, Antifaschismus, Internationalismus verstanden werden.

Inwiefern die Wörter ›wenn‹ und ›dann‹ zusammen mit dem Konjunktiv II aus deskriptiven Einzelsätzen einen Gesamtsatz bilden können, der sich – auch – als Ausdruck von Wertungen verstehen lässt, ist vielleicht bei einem verwickelten Thema wie dem Bombenkrieg nicht so leicht zu überblicken. Daher möchte ich diesen Vorgang als Nächstes bei einem einfacheren Fall dadurch illustrieren, dass ich vorführe, wie stark sich moralische Grundüberzeugungen auf wichtige Wenn-dann-Sätze aus der Polizeiarbeit auswirken.

Diese Erörterung führt uns nur scheinbar vom Thema Krieg und Frieden fort; ich werde Ihnen eine Miniatur-Szene bieten, in dem vieles von dem angelegt ist, was später auf den Tisch kommen wird – aber jetzt zum Aufwärmen etwas übersichtlicher dargestellt werden kann als im Fall von Krieg. Es geht zunächst nur um die kontrafaktischen Handlungen zweier Personen, anders als im Krieg, wo wir eine unüberschaubare Menge der verschiedensten Akteure im Blick behalten müssen.

Ein Terrorist wurde gefangen, er wurde gefoltert und hat das Versteck der Geisel verraten.[4] In dieser Lage begegnen wir bei einer Diskussion unter überzeugten Verantwortungsethikern folgendem Satz:

(7) Wenn er nicht gefoltert worden wäre, dann hätte er das Versteck der Geisel nicht verraten.

Wovon hängt die Angemessenheit dieses Satzes ab? Er kann zur Entschuldigung oder moralischen Rechtfertigung des Folterers vorgebracht werden, und vor dem Hintergrund einer bestimmten konservativen Auffassung von *law & order* könnte das vernünftig sein. Demzufolge darf der Polizist bei der Bekämpfung von Kriminalität nicht allzu zimperlich sein, kann nicht immer mit der Verfassung unter dem Arm herumlaufen, sollte sich vielmehr zuweilen an den robusten Erfolgsmethoden unserer amerikanischen Freunde mit den Sheriffsternen orientieren.

Um den Satz zu begründen, wird sein konservativer Verfechter auch auf bestimmte Fakten verweisen, zum Beispiel darauf, dass die tagelangen Verhöre vor dem Foltereinsatz nicht gefruchtet hatten. Doch wie viel Überzeugungskraft kommt diesen Fakten für sich alleine zu? Durchschlagende Kraft haben sie schwerlich.

Denn ein Gegner der Folter, also jemand mit einer anderen Auffassung von Recht und Moral, der vielleicht die Gebote der bedingungslosen Nächstenliebe besonders stark verinnerlicht hat oder den Glauben an die prinzipielle Einsichtsfähigkeit jedes noch so kriminellen Menschen, kann die zitierten Fakten zugeben und den kontrafaktischen Wenn-dann-Satz trotzdem ablehnen. Er wird sagen, dass man jeden Menschen auch ohne Gewalt zur Vernunft bringen kann. Für ihn befindet sich das Geheimnis des schweigenden Terroristen hinter einer verschlossenen Tür, deren Schlüssel irgendwo zu finden sein muss: Vielleicht fehlt nur ein einziges erlösendes Wort, um den Verstockten aus seinem inneren Gefängnis zu befreien. Und diese Hoffnung muss nicht auf naiven, weltfremden Illusionen beruhen. Gerade ein sensibler Menschenkenner hat die besten Chancen, den Terroristen in seiner extremen Lage zu erfassen – und ihm herauszuhelfen.

Treten wir einen Schritt zurück. Im Streit über den Satz (7) geht es nicht um Verantwortungsethik, denn beide Streitparteien hängen ihr an. Und doch leben beide mit völlig verschiedenen Wertsystemen, Welt- und Menschenbildern. Der eine gibt sich als unerschrocken, sieht sich selber als unvoreingenommenen Realisten, der auch den unbequemsten Tatsachen ins Auge zu blicken weiß, ein Faible für rabiates Tun hat und dabei weder sich noch andere schont. Den anderen können wir uns als Idealisten denken, der an das Gute im Menschen glaubt. Diese Unterschiede reichen tief.

16. Verschärfung mithilfe von Handlungsvorschlägen

Es hätte etwas Unbefriedigendes, wenn ich so wie am Ende des vorigen Abschnitts eine Meinungsverschiedenheit über einen kontrafaktischen Wenn-dann-Satz zur Folter gemäß (7) einfach nur auf konträre Weltbilder zurückführte und es damit gut sein ließe. Immerhin steht hinter dem Streit um den Satz eine Frage von großer praktischer Bedeutung: War die Folter des Terroristen nötig (und also richtig) oder nicht? Auch die zukünftige Polizeiarbeit wird von einer Antwort auf die

Frage betroffen sein – ein eminent wichtiges Thema der Innenpolitik.

Statt sich auf letztlich nutzlose und hoffnungslose, vor allem aber endlose Streitigkeiten über den Satz:

(7) Wenn er nicht gefoltert worden wäre, dann hätte er das Versteck der Geisel nicht verraten,

einzulassen, kann der verantwortungsethische Verteidiger des folternden Polizeibeamten einen Schritt auf seinen Gegner zugehen und Folgendes zugeben:

(8) Wenn der Terrorist nicht gefoltert worden wäre, wenn uns *stattdessen wie durch ein Wunder* das *erlösende Wort zugeflogen wäre*, dann hätte der Terrorist das Versteck der Geisel zwar wirklich verraten. Aber es wäre utopisch gewesen, auf diese verschwindende Chance zu setzen.

Oder noch deutlicher:

(9) Wenn der Terrorist nicht gefoltert worden wäre *und wenn ihm von alleine die Aussichtslosigkeit seines Kampfes klargeworden wäre*, dann hätte der Terrorist das Versteck der Geisel verraten.

In diesen beiden Wenn-dann-Sätzen ist der Gehalt des Wenn-Satzes aus dem ursprünglichen Satz (7) stark eingeschränkt worden – und zwar so stark, dass selbst der Verfechter von (7) sein Urteil über die Aussagebereitschaft des ungefolterten Terroristen umkehren würde. Interessanterweise muss er damit seinen ursprünglichen Satz (7) nicht preisgeben. Vielmehr kann er darauf aufmerksam machen, dass für dessen Beurteilung andere Möglichkeiten *relevant* sind als bei den neuen Sätzen (8) und (9).[5]

Was bedeutet das Wort ›relevant‹ in diesem Zusammenhang? Da der Polizist unbedingt das Versteck der Geisel des Terroristen aufspüren wollte, bevor es zu spät war, um die Geisel zu retten, interessierte er sich nur für solche Verschärfungen des Wenn-Satzes aus dem Gesamtsatz, *deren Realisierung er selber in der Hand gehabt hätte.* Auf ein Wunder zu warten, hätte ihm nicht genügt.

Und jetzt sehen wir, dass sein Kritiker mehr als bislang tun muss, um mit seiner Kritik an der Folter des Terroristen weiterzukommen. Er muss konkrete Vorschläge benennen, *die sich hätten umsetzen lassen.* Er sollte sich also besser nicht auf folgenden unpraktikablen Satz zurückziehen:

(10) Wenn der Terrorist nicht gefoltert worden, sondern *irgendwie auf geeignete Weise* befragt worden wäre, so hätte er das Versteck der Geisel verraten.

Stattdessen könnte er z. B. Folgendes sagen:

(11) Wenn der Terrorist nicht gefoltert worden wäre und *wenn man ihn stattdessen mit Verwandten der Opfer seiner Terrorbande hätte reden lassen*, dann hätte der Terrorist das Versteck der Geisel verraten.[6]

Diesem Satz liegt die Überzeugung des Foltergegners zugrunde, dass auch Verbrecher bei angemessenen Gesprächsangeboten und mit den richtigen Gesprächspartnern fähig sind, Mitgefühl zu entwickeln, das Leid anderer zu sehen, sich Fehler einzugestehen – und sie zu korrigieren.

Sind diese Überzeugungen wertend? Sind sie beschreibend? Ich vertrete die These, dass sie beides gleichzeitig sind.

Es gibt einen naheliegenden Einwand gegen das Gesagte, dem ich mich nun stellen muss: Können wir nicht einfach die Naturwissenschaft zu Hilfe rufen? Warum verweisen wir den Streit über Sätze wie (7) nicht an die Neurophysiologie?

Bei flüchtigem Hinsehen spricht einiges für diesen Vorschlag. Immerhin habe ich im 11. Abschnitt dafür plädiert, die Objektivität der seriösen kontrafaktischen Wenn-dann-Sätze (etwa zur Tödlichkeit von Gewehrschüssen ins Herz) aus unserer objektiven Naturwissenschaft herzunehmen. In der Tat können wir uns auf solche Sätze quer über die Grenzen der verschiedensten Welt- und Menschenbilder hinweg einigen, und zwar unabhängig von den damit Hand in Hand gehenden Wertsystemen. Warum sollte das nicht genauso bei Sätzen über Folter funktionieren?

Ich finde den Vorschlag einer neurophysiologischen Untersuchung zur Wirksamkeit von Folter zu unappetitlich, um ihn weiterzuverfolgen. Wer ihn als tatsächlich durchführbares Forschungsprojekt für attraktiv und aussichtsreich hält, vertritt ein anderes Weltbild als ich und (zumindest meiner Einschätzung nach) die meisten von uns. Lassen wir das auf sich beruhen.

In diesem Buch geht es zuallererst um Krieg, nicht um Folter; und dass die neurophysiologische Versuchung spätestens bei Krieg an ihre Grenzen stößt, hat einen unabweislichen Grund: Krieg ist Chaos. Hier vermengen sich die Strategien, Taktiken, Einzelentscheidungen einer großen Zahl teils kühler, teils verängstigter, teils traumatisierter, teils tollkühner, teils gewissenloser und teils heroischer Personen, die in chaotischen Regelkreisläufen vielfältigst aufeinander zurückwirken, Kipp-Punkte auslösen oder jäh überspringen, mit kürzesten Vorwarnzeiten aufeinander losballern, und das im Verein mit raffinierter Waffentechnik und noch raffinierterer Informationstechnik, die beide erstens hochempfindlich und zweitens so gut wie undurchschaubar sind.

Geben wir es zu: Die Wettervorhersage ist ein Kinderspiel dagegen; und solange wir noch nicht einmal vier Tage im Voraus den Regen am Brandenburger Tor vorhersagen können, solange ist die neurophysiologische Vorhersage tatsächlicher Kriegsverläufe ebenso wie die Durchleuchtung kontrafaktischer Kriegsverläufe die reinste Utopie – und dies schon allein deshalb, weil Kriegsverläufe auch heute wesentlich vom Wetter abhängen.

Kurzum: Wenn ich mit meiner Skepsis richtigliege, besteht nicht die leiseste Chance, kontrafaktische Wenn-dann-Sätze über alternative Kriegsverläufe mit derjenigen Objektivität auszustaffieren, die wir im überkommenen Bild einer verantwortungsethischen Sicht auf Krieg und Frieden brauchen. Wie ich noch zeigen möchte, müssen wir die Anwendung einer wirklich funktionierenden Verantwortungsethik völlig neu fassen. Das werde ich nicht abstrakt, sondern in einer Fallstudie anhand des Kosovokriegs ausführen.[7]

Fünftes Kapitel: Beispiel Kosovo

17. Unstrittige Fakten aus dem Kosovokrieg

Im Kosovo der späten 1990er Jahre herrschte Chaos.[1] Vom Jugoslawien des Marschalls Tito (1892–1980) hatten sich ehemalige Teilrepubliken wie Slowenien und Kroatien erfolgreich abgespalten, die mit der von Serben dominierten Zentralregierung nichts mehr zu tun haben wollten. Weniger erfreulich verlief die Geschichte für das Amselfeld und seine Umgebung, ein Gebiet von insgesamt gut 10 000 Quadratkilometern mit knapp zwei Millionen Einwohnern: Kosovo als nichtautonomer Teil Serbiens war damals zu 90 Prozent von albanischen Kosovaren und zu weniger als zehn Prozent von Serben bewohnt. Die überwältigende Mehrheit der albanischen Kosovaren strebte die Loslösung des Kosovo von Belgrad an. Aus historischen Gründen betrachteten dagegen viele Serben den Kosovo als serbisches Territorium, das sie keinesfalls preisgeben wollten.

Die rücksichtslose Behandlung der kosovo-albanischen Bevölkerungsmehrheit durch die serbisch dominierte Zentralregierung reicht mindestens bis in die späten 1980er Jahre zurück, als im März 1989 die weitreichende Autonomie des Kosovo auf verfassungswidrige Weise ausgehebelt wurde. Zudem begann sich im Kosovo schon im Juni 1989 der gewaltsame Beginn des Zerfalls Jugoslawiens abzuzeichnen.[2]

Zehn Jahre später standen sich serbische und albanische Nationalisten verfeindet gegenüber, beide Seiten hatten viele Waffen, und es floss Blut im Kosovo. Opfer waren in erster Linie die Zivilisten beider Seiten.[3] Es starben zehnmal mehr Albaner als Serben (was übrigens recht genau den Bevölkerungsanteilen der beiden Gruppen entsprach), und sehr viele Kosovo-Albaner waren auf der Flucht. Täter waren einerseits serbische Polizisten, Milizen, Militärs und andererseits die

Kämpfer der UÇK (der albanischen Befreiungsarmee, die lange Zeit von vielen westlichen Beobachtern als Terror-Organisation eingestuft wurde). Und natürlich gab es auch unter diesen beiden Tätergruppen Opfer.

In den Augen vieler deutscher Beobachter ging das Unheil von serbischen Nationalisten aus, deren rabiate Gewaltbereitschaft sich während der Vorjahre (als Titos Jugoslawien zerfiel) in einer Reihe schockierender Untaten entladen hatte. Zum Beispiel in Massenmorden während des Frühjahrs 1992 im bosnischen Višegrad, wo von einer Brücke zahllose Leichen in die Drina geworfen wurden, die langsam flussabwärts trieben – oder im Massaker in Srebrenica vom Juli 1995, das untätige UNO-Soldaten nicht zu verhindern wussten.[4]

Die westliche Politik und die westliche Öffentlichkeit befürchteten viererlei: Erstens, dass sich derartige Schandtaten im Kosovo wiederholen würden; zweitens, dass Präsident Slobodan Milošević (1941–2006) und seine serbischen Gefolgsleute durch systematische Vertreibungen ein ethnisch reines Kosovo für Serbien gewinnen wollten; drittens, dass Millionen vertriebener Kosovo-Albaner Mazedonien destabilisieren und damit einen Flächenbrand auf dem Balkan auslösen könnten; viertens schließlich, dass viel zu viele Flüchtlinge zuletzt in die Europäische Gemeinschaft (die Vorgängerin der EU) einreisen würden.

Um all das zu verhindern, erzwang der Westen (mit Kriegsdrohungen und starken diplomatischen Mitteln) einen Waffenstillstand zwischen UÇK und den serbischen Einheiten, der durch eine OSZE-Mission überwacht werden sollte. Im Rahmen dieser Kosovo-Verifikationsmission (KVM) wurden über 1000 ausländische Beobachter im Kosovo stationiert. Sie gingen Verstößen beider Seiten gegen das Waffenstillstandsabkommen nach, berichteten täglich über Zwischenfälle und sorgten so zunächst für eine Stabilisierung der Lage.[5] Die

Mehrzahl der geflüchteten Kosovaren kehrte bis Ende 1998 in ihre Ortschaften zurück, bevor der Wintereinbruch eine humanitäre Katastrophe hätte auslösen können.[6]

Die KVM schien eine Zeitlang ihrem befriedenden Ziel näherzukommen. Anfang 1999 bröckelte der Waffenstillstand. Es ist aber (trotz der vielen Berichte neutraler Organisationen vor Ort) nicht offensichtlich, ob eine Seite und nur sie für den wiederholten Bruch der Vereinbarung verantwortlich war. Wie dem auch sei: Am 16. Januar 1999 wurden beim kosovo-albanischen Dorf Račak mehr als 40 Leichen gefunden, vermutlich Zivilisten, vermutlich von serbischen Einheiten getötet. Schnell war die Rede von einem Massaker – und das, obwohl diese Vorwürfe damals nicht jenseits eines vernünftigen Zweifels begründet worden waren; sie sind es bis heute nicht.[7]

Das dürfte der Moment gewesen sein, in dem sich westliche Politiker endgültig zum Eingreifen entschlossen, um das Schlimmste zu verhüten. Am 24. März 1999 startete die NATO aus der Luft ihre Angriffe auf serbische Ziele, während serbische Einheiten auf dem Boden mit ihrer Jagd nach kosovarischen Albanern begannen. Serbische Kriegsverbrechen trieben anderthalb Millionen Kosovo-Albaner in Lager und kosteten über 10 000 Kosovo-Albanern das Leben.[8] Nach monatelangem Bombardement durch die NATO gab Serbien am 9. Juni 1999 auf. Viele kosovo-albanische Flüchtlinge konnten in ihre zerstörten Ortschaften zurückkehren, während nun ein Großteil der serbischen Minderheit den Kosovo verließ.

Überraschenderweise gilt der Kosovokrieg in weiten Teilen der Öffentlichkeit als Erfolg. Während das durch Stillhalten der UNO-Blauhelme nicht verhinderte Massaker von Srebrenica mehr als 8000 Todesopfer forderte und wegen dieser unfassbaren Zahl hingemetzelter Bosnier als indiskutables Beispiel militärischer Enthaltsamkeit gegeißelt wird, regt sich keine vergleichbare Kritik an einer Militärintervention, die sogar noch mehr Morde an Kosovo-Albanern zuließ. Warum messen wir hier mit zweierlei Maß? Weil kriegerische Einsätze besser sind, als nichts zu tun? Und wie ändert sich das Urteil, wenn wir zusätzlich die etwa 1000 Zivilisten einbeziehen, die laut *Washington Post* von westlichen Soldaten – unbeabsichtigt – getötet wurden?[9]

Ich hatte mehrmals die Gelegenheit, Kosovaren zu fragen, ob sie der NATO angesichts der Opfer unter ihren Landsleuten Vorwürfe machen. Dazu muss man wissen, dass Milošević die Massaker für den Fall eines NATO-Angriffs angedroht hatte und dass unsere Militärs zu Protokoll gegeben hatten, solche Massaker ohne Bodentruppen nicht verhindern zu können – und dass sich die westlichen Politiker trotzdem gegen den Einsatz von Bodentruppen entschieden hatten, um westliche Todesopfer zu minimieren (was nahezu vollständig gelungen ist). Trotz alledem haben die befragten Kosovaren mir gegenüber keinerlei Kritik an der NATO geäußert; stattdessen sagten sie übereinstimmend, dass die Toten einen gerechtfertigten Preis für die Unabhängigkeit ihres Landes entrichtet hätten. Das wiederum erinnert an die unsterblichen Worte des lateinischen Dichters Horaz: »Süß und ehrenvoll ist es, fürs Vaterland zu sterben«.[10]

Den meisten von uns in Deutschland dürfte eine solche Werthaltung fremd sein; ich persönlich finde sie gruselig. Und mir stockt der Atem angesichts der Frage, welche Größenordnung sich aus dem Beispiel des Kosovo ergäbe, wenn wir die Zahlen anteilig gemäß der Bevölkerungsgröße auf die Ukraine hochrechneten: Es wären 200 000 Ziviltote unter den grob gerechnet 40 Millionen ukrainischen Staatsbürgern. Wäre das ein vertretbarer Preis für die Verhinderung der drohenden Unterdrückung durch Putins Regime? Ich muss zugeben, dass mich diese Zahlen und die Frage ratlos, ja fassungslos machen. Vielleicht ist es falsch, Tote zu zählen?

18. Ein strittiger Wenn-dann-Satz über den Kosovokrieg

Ich vermute und hoffe, dass ich mich mit vielen Befürwortern des Kosovokriegs der NATO auf eine Zusammenfassung einigen könnte, die im Wesentlichen so lautet wie im Hauptteil des vorigen Abschnitts. Sogar unter dieser Annahme steht für Verantwortungsethiker das moralische Urteil zum Kosovokrieg noch nicht fest. Ebenso wenig steht unter dieser Annahme fest, wie der kontrafaktische Wenn-dann-Satz zu beurteilen ist, den die Kriegbefürworter zugunsten ihrer Haltung vorbringen (und vorbringen *müssen*, wenn sie die tatsächliche Zahl der ermordeten Kosovo-Albaner relativieren wollen):

(12) Hätte die NATO keine Bomben auf Ziele im Kosovo und in Serbien abgeworfen, dann wären mehr Kosovo-Albaner und Serben getötet, verletzt oder vertrieben worden.[11]

Wovon sollen wir unser Urteil über diesen Satz abhängig machen? Ist der Satz richtig oder falsch? Und selbst wenn wir die Antwort auf die letzte Frage nicht kennen sollten: Steht sie wenigstens prinzipiell fest, also mit Objektivität, unabhängig von unseren Werthaltungen, unserem Menschen- und Weltbild?

Dass sie *nicht* mit wissenschaftlicher Objektivität feststeht, legen die Überlegungen vom Ende des vorletzten Abschnitts nahe. Wer den Wenn-dann-Satz objektiv zu verstehen wünscht, müsste einer umfassenden Neurophysiologie der Kriegsgeschichtsschreibung das Wort reden – einer hoffnungslosen Utopie.

Sollte dem Satz (12) aber die wertfreie Objektivität abgehen, so öffnet dieses Ergebnis Tür und Tor für die unterschiedlichsten Werthaltungen, vor deren Hintergrund der Satz entweder gut oder schlecht dasteht. Der Pazifist wird den Satz im Lichte anderer Werthaltungen beurteilen als seine Kontrahenten, die sich auf allgemeine Behauptungen darüber stützen können, wie es um die serbische oder die menschliche Natur bestellt ist. Sie werden zum Beispiel sagen, dass die serbischen Verbrechen gegen die Menschlichkeit, die während der NATO-Angriffe verübt wurden, auf eine ständige Bereitschaft zu Brutalität und Grausamkeit in der serbischen Bevölkerung hindeuten und dass diese Verbrechen genau deshalb auch ohne NATO-Angriff verübt worden wären, und zwar noch hemmungsloser. Wer so über die Serben redet, bringt eine Interpretation oder Bewertung zum Ausdruck, die von etwas handelt, das dem tatsächlichen Geschehen nicht objektiv entnommen werden kann. Die Behauptung könnte zum Beispiel auf einer Betrachtung der tatsächlichen Ereignisse im Lichte antiserbischer Ressentiments beruhen. Nun *muss* man nicht ausgerechnet Serben mit Vorurteilen begegnen, um zu der Meinung zu gelangen, dass sie in der historischen Situation des Frühjahrs 1999 zum Schlimmsten bereit waren. Eine andere Beurteilung, die zum selben Ergebnis führt, könnte sich allgemeiner auf Pessimismus über die menschliche Natur stützen.

Die Beurteilung, die ich im Auge habe, versucht, realistisch zu sein statt voller Illusionen. Aber natürlich kann so ein Urteil nicht als Realismus mit einem berechtigten Anspruch auf Objektivität durchgehen, der sich ausschließlich auf harte, wertfreie Tatsachen stützt. Vielmehr handelt es sich um eine negative Bewertung dieser Tatsachen, die vermutlich auf einseitiger Vereinfachung der Menschheitsgeschichte beruht.[12] Gemäß einer typischen Ausprägung dieser negativen Weltsicht müssen wir von unseren Mitmenschen stets das Schlimmste befürchten – es sei denn, sie werden durch klug kalkulierte Gewalt im Zaum gehalten.

Eine konträre Wertung, die mit der pazifistischen Sicht auf den kontrafaktischen Wenn-dann-Satz (12) verbunden sein könnte, speist sich hingegen aus Optimismus hinsichtlich der menschlichen Natur – dem genauen Spiegelbild des Pessimismus, den ich soeben skizziert habe. Der pazifistische Optimismus, um den es mir zu tun ist, läuft auf die Behauptung hinaus, dass alle Menschen zu friedlichem Zusammenleben fähig sind, ohne dass sie dazu mit vorgehaltener Pistole gezwungen werden müssten.

Gegen diese Sicht gibt es einen Einwand, dem ich mich nun stellen muss und der auf folgende Frage hinausläuft: Wie kann man ernstlich eine optimistische Einstellung über die menschliche Natur aufrechterhalten, wenn man sich ethnische Konflikte wie den im Kosovo vor Augen führt? Meine Antwort lautet, dass man dies wiederum durch einseitige Vereinfachung tun kann (genau wie im Fall der pessimistischen Einstellung, die ich dem Gegner des Pazifisten zugeschrieben habe). Im Lichte einer typisch pazifistischen Vereinfachung erscheint der ethnische Konflikt im Kosovo als ein weiteres Beispiel für einen Ausbruch von Gewalt, der auf friedliche Weise hätte verhindert werden können – und der sich stattdessen bis ins Unerträgliche gesteigert hat, weil die serbische Führung angesichts der NATO-Bombardements mit dem Rücken zur Wand stand und weil ihre Befehlsempfänger binnen kurzem eine Brutalisierung bis ins Bodenlose durchliefen. Diese Weil-Sätze des Pazifisten spiegeln, abermals, seine Werthaltung und sein Menschenbild wider: Der Mensch ist zum Guten fähig, kann sich aber im Kriegsgeschehen und unter Beschuss rasch in einen Verbrecher verwandeln.

Wenn diese kursorischen Überlegungen halbwegs stimmen, dann stehen beide Streitparteien erkenntnistheoretisch gleich schlecht da. Wer nur auf die objektiv zugängliche Lagebeschreibung schaut und sämtliche Wertungen ausblendet, wird den Streit nicht für sich entscheiden können.

Doch der Pazifist darf sich nicht mit einem Unentschieden

zufriedengeben. Daher genügt es nicht, wenn er nur in seiner Ablehnung des kontrafaktischen Wenn-dann-Satzes (12) verharrt. Wie kann der Pazifist darüber hinausgehen? Damit stehen wir wieder vor derselben Aufgabe wie der Foltergegner im 15. Abschnitt: Hier wie da genügt es nicht, Kritik zu üben und zu lamentieren; hier wie da sollte der Gegner des Wenn-dann-Satzes versuchen, zu anderen Sätzen überzugehen, *deren Bedingungen sich in die Tat umsetzen lassen.*

Wenn das auch jetzt richtig ist, dann muss der pazifistische Gegner des Satzes (12) seinen Einfallsreichtum und seinen Realitätssinn zusammenbringen, um konkrete Vorschläge auszuarbeiten, durch die sich die humanitäre Katastrophe im Kosovo vermutlich hätte verhindern lassen. Einige dieser Vorschläge skizziere ich im kommenden Abschnitt.

19. Was der Westen im Kosovo hätte tun sollen

Welche gangbaren Alternativen eröffneten sich dem Westen, als die Entscheidung für oder gegen die Bombardierung Serbiens anstand? Um mich kurzzufassen, werde ich eine kleine Auswahl der nichtkriegerischen Maßnahmen nennen, die damals vorgeschlagen wurden und auch nach dem Krieg weiterdiskutiert worden sind:

Noch entschlossener als im tatsächlichen Ablauf hätten die Beobachter einer vergrößerten und besser ausgestatteten KVM über Verletzungen des Waffenstillstands berichten müssen – und zwar auf entschieden unparteiische Weise.[13] Unparteiisch wäre es beispielsweise gewesen, wenn der KVM-Chef William Walker angesichts der Leichenfunde bei Račak nicht gleich von einem Massaker gesprochen hätte, ohne zuvor den Vorfall durch unabhängige Experten untersuchen zu lassen.[14] Seine übereilte Reaktion steigerte zum einen die Panik unter Kosovo-Albanern und zum anderen die Aggressionsbereitschaft auf beiden Seiten. Den Serben musste es so vorkommen, als wären sie bereits vor jeder Untersuchung für schuldig befunden worden; schon allein deshalb war es kein Wunder, dass die Lage eskalierte.

Was aber, wenn sich bei sorgfältiger Untersuchung herausgestellt hätte, dass serbische Einheiten tatsächlich 40 Dorfbewohner Račaks massakriert haben? Dann hätte man die Evidenzen der Untersuchung so veröffentlichen sollen, dass sich auch Serben nicht ihrer Beweiskraft hätten entziehen können. Man hätte die Hurra-patriotische Öffentlichkeit Serbiens dazu zwingen müssen, den Verbrechen ihrer eigenen Handlanger ins Auge zu blicken. Abgesehen davon hätte man in diesem Falle mit aller Entschlossenheit nach den Schuldigen fahnden und dafür sorgen müssen, dass sie von der serbischen Justiz verurteilt werden.

Treten wir einen Schritt zurück. Die Vorschläge des Pazifisten haben den schwer zu entscheidenden Streit um Satz (12) in einen konkreteren Streit um folgenden Satz überführt:

(13) Wenn die NATO keine Bomben auf Ziele im Kosovo und in Serbien abgeworfen, *sondern stattdessen die KVM verstärkt hätte sowie allen gegenseitigen Vorwürfen der Streitparteien energisch und mit größtmöglicher Fairness nachgegangen wäre*, dann wären weniger Kosovo-Albaner und Serben getötet, verletzt oder vertrieben worden als im tatsächlichen Ablauf des NATO-Kriegs.

Nach dieser Konkretisierung mithilfe zweier Handlungsvorschläge steht der Pazifist besser da als in einer rein akademischen Debatte nur über den Satz (12), in dem abgesehen vom bloßen Nein zu den NATO-Bombardements keine einzige positive Handlungsoption vorkommt.

Beendet wurde der Streit durch die Benennung nichtkriegerischer Handlungsalternativen aber noch lange nicht. Denn natürlich kann der Befürworter des NATO-Kriegs erwidern, dass die Vorschläge seines Kontrahenten die tatsächliche Katastrophe im Kosovo noch hätten verschlimmern können.

Um das zu begründen, kann er an die Untaten erinnern, die in den zehn Jahren vor der Kosovo-Krise von serbischen Nationalisten verübt worden waren. Er könnte sagen, dass es keinen Grund gebe, *denselben Leuten* Friedlichkeit zuzutrauen, die schon gezeigt hätten, wozu sie fähig seien.[15]

Ist das eine realistische Position, die Objektivität für sich in Anspruch nehmen kann? Nein, es ist wiederum eine pessimistische Position. Ihr zufolge ist nicht damit zu rechnen, dass »dieselben Leute« anders zur Vernunft gebracht werden können als durch Gegengewalt, das heißt durch Krieg.

Aber woher will der Kriegsbefürworter das so genau wissen? Es mag zutreffen, dass »dieselben Leute« bislang nur dann auf rassistisch-nationalistische Gewalt verzichtet haben, wenn ihnen militärischer Druck entgegenschlug. Nur: Alle diese historischen Erfahrungen schöpfen noch lange nicht das ganze Spektrum der damaligen Handlungsmöglichkeiten des Westens aus; vielmehr sind diese Erfahrungen aus den beiden extremen Endpunkten des Spektrums abgeleitet. Einerseits entspringen sie dem tatenlosen, andererseits dem militärischen Extrem. Dass der Kriegsbefürworter seine historischen Lehren nur auf zwei extreme Arten von Fällen stützt, findet der Pazifist verdächtig. Daran sieht man, könnte der Pazifist sagen, wie sehr der Möglichkeitssinn des Kriegsbefürworters verkümmert ist.

Der Pazifist ist überzeugt, dass der Kriegsbefürworter eine wichtige Möglichkeit übersehen hat, nämlich einen Weg zwischen dem tatenlosen und dem kriegerischen Extrem. Diesen Weg hatte die OSZE mit der Kosovo-Verifikationsmission eingeschlagen. Dadurch war eine völlig neue Lage eingetreten, für die es bislang keine Beispiele gab. Es ist kein Zeichen für wertfreie Objektivität, wenn jemand seine pessimistischen Schlüsse genau nicht auf Erfahrungen derjenigen Lage stützt, um die es im zeitlichen Umfeld der Ereignisse von Račak ging.

Anders gewendet: Zwar kann der Kriegsbefürworter im Streit um den konkreteren Wenn-dann-Satz (13) immer noch auf seinem Standpunkt beharren, aber die harten Fakten stehen dabei nicht eindeutig auf seiner Seite. Der Kriegsbefürworter kann die faktennahe Plausibilität von (13) nur noch mithilfe rabiater Werthaltungen unterminieren – durch ein pessimistisches, martialisches Wertsystem, dem zufolge nicht Vernunft und Einsicht zählen, sondern nur die gewaltstoppende Kraft der Gegengewalt, also durch ein Wertsystem, das (wie ich hoffe) den meisten von uns überzogen vorkommt. Der pazifistische Glaube an das Gute im Menschen gewinnt an Überzeugungskraft, sobald man nur anfängt, sich mit der Frage auseinanderzusetzen, welche konkreten Vorschläge sich aus ihm ergeben. Er bietet eine – attraktive – wertende Leitidee für die Auseinandersetzung mit den Tatsachen.

Wie ich vermute, dürfte bei der Suche nach friedlichen Auswegen herauskommen, dass der sich aufbauende Konflikt zwischen Serben und Kosovo-Albanern wesentlich früher als tatsächlich geschehen durch intensive Friedensarbeit in den beiden Zivilgesellschaften hätte abgemildert werden können und müssen. Flankierend hätte schon allein die deutsche Politik viel dafür tun können, um die kriminellen Finanzströme hierzulande auszutrocknen, mit deren Hilfe sich die UÇK einen Großteil ihrer Waffen zu beschaffen wusste.[16]

Als das Kosovo-Problem auf den Schreibtischen westlicher Regierungsmitglieder ankam, war es bereits zu spät für eine vorausschauende Politik der Streitschlichtung. Und dieses Ergebnis scheint allgemein zu gelten: Pazifisten werden fast immer zu spät nach ihren friedliebenden Gegenvorschlägen gefragt; sie erwidern darauf, dass Friedensarbeit früher ansetzen muss als kurz vor Ausbruch massiver Gewalt.

In diesem Sinne ist es meiner Ansicht gut denkbar, dass schon im Jahr 2014 (nach der völkerrechtswidrigen Annexion der ukrainischen Krim durch Russland) die meisten Bürger aus den verbleibenden Regionen der Ukraine einen mächtigen gewaltfreien Widerstand hätten einüben können, der deutliche Signale nach Russland gesendet hätte: Hier ist ein überwältigender Teil der Bevölkerung, der zum ukrainischen Staat steht und der sich gegen eine Fremdbestimmung aus Moskau mit allen Mitteln des zivilen Ungehorsams widersetzen wird; wir sind Millionen! – Putins offenkundige Fehleinschätzung der Stimmung in der Ukraine hätte sich auf diese Weise vielleicht im Voraus abfangen lassen. (Ein ermutigendes Beispiel für die Wirksamkeit millionenfacher Signale dieser Art bot – in einer freilich anderen historischen Situation – die 600 Kilometer lange Menschenkette, die am 23. August 1989 im Baltikum aufgebaut wurde.)

Wie Pazifisten im Lichte ihrer Leitideen vermuten, hätte die im tatsächlichen Verlauf rasante Brutalisierung der russischen Soldaten, die sich schon in der allerersten Kriegswoche infolge der militärischen Gegenwehr aufbaute, kaum Nahrung gefunden, wenn ihnen stattdessen von Anfang an nichts anderes entgegengetreten wäre als eine wohlorchestrierte Serie überraschender *Flashmobs* mit entschieden friedlichem Protest.[17] Aus dem Nichts heraus lässt sich diese Art friedlicher Gegenwehr nicht improvisieren: Sie bedarf ebenso gründlicher Planung wie militärische Gegenwehr.

Selbstredend kann ich hier nicht ausarbeiten, wie ein solches ziviles Widerstandstraining im Einzelnen auszusehen hätte. Das wäre eine interdisziplinäre Arbeit, an der sich Historiker, Offiziere, Psychologen, Polizisten, Ökonomen, Juristen, Philosophen, Kriminologen, Friedensforscher, Experten für soziale Medien und viele andere nicht nur theoretisch beteiligen müssten. Soweit ich weiß, ist eine solche Arbeit bisher nicht mit der erforderlichen Gründlichkeit geleistet worden. Ich behaupte, dass es ein wichtiges Unterfangen wäre, sie anzupacken – um zu versuchen, wenigstens den übernächsten Krieg bereits im Keim zu ersticken.

20. Wertekompass

Wo stehen wir? In Sachen Objektivität endet der Streit zwischen dem Pazifisten und seinen Gegnern über den Kosovokrieg mit einem Unentschieden. Was bei diesem Krieg exemplarisch herausgekommen ist, gilt allgemein: Für eine verantwortungsethische Beurteilung kriegerischer Handlungen müssen wir ein Urteil über gewisse kontrafaktische Wenn-dann-Sätze fällen, doch lassen sich solche Sätze nicht ausschließlich mithilfe objektiver, wertfreier Tatsachen beurteilen.

Die Tatsachen über die menschliche Natur sind dafür zu kompliziert und uneindeutig; nur im Lichte von Werten wird es uns gelingen, die Sache zuzuspitzen, zu vereinfachen und dann auch zu entscheiden. Da sich die Pazifisten und ihre Kritiker über die betreffenden Werte uneins sind, wird sich diese Uneinigkeit auf die kontrafaktischen Wenn-dann-Sätze übertragen.

Da fragt man sich: Könnten wir nicht die Tatsachen so kompliziert sein lassen, wie sie sind, also Vereinfachungen, Zuspitzungen und Wertungen in beiderlei Richtung vermeiden, gleichgültig, ob pessimistisch oder optimistisch unterfüttert? Könnten wir nicht einfach realistisch sein? Wir könnten, aber das wird nicht reichen. Zwar können wir die Zuspitzungen aus dem Spiel nehmen, die mehr der rhetorischen als der inhaltlichen Auseinandersetzung dienen. Doch wenn wir uns nur auf Fakten ohne Wertung und Vereinfachung stützen wollten, so müssten wir uns auch eines Urteils über alle (oder jedenfalls fast alle) kontrafaktischen Wenn-dann-Sätze enthalten, die wir für unsere moralische Entscheidung über den betreffenden Krieg brauchen. Und bedenken Sie – wenn es um Krieg geht, können wir die Entscheidung nicht in der Schwebe lassen. (Auch wenn wir untätig bleiben, haben wir eine Entscheidung getroffen.)

Was also tun? Ich plädiere dafür, dass wir lernen sollten, unser moralisches Leben ehrlich und redlich im Angesicht werthaltiger kontrafaktischer Wenn-dann-Sätze zu führen – und zwar gerade dort, wo wir über Krieg oder Frieden entscheiden müssen (bei Entscheidungen in weniger komplizierten Situationen mag das weniger dringlich sein). Sobald wir nun die Wertungen kenntlich machen, die unsere Urteile über die relevanten kontrafaktischen Sätze bestimmen, werden wir imstande sein, bewusst zu entscheiden, im Lichte welcher Werte wir die Realität betrachten *wollen*. Und ich werde zu zeigen versuchen, dass die Werte, die vom Pazifisten beim Blick auf die Kriegswirklichkeit genutzt werden, zwar alles andere als perfekt, aber immer noch attraktiver als die Werte sind, auf die sich ihre Gegner stützen.

Führt uns das nicht dorthin zurück, wo wir begonnen hatten? Angenommen, dass sich der Pazifist für Werte entscheidet, in deren Lichte kontrafaktische Wenn-dann-Sätze wie (12) und die darauf aufbauenden verantwortungsethischen Plädoyers für Krieg unterminiert werden: Liefe das nicht wieder auf eine Entscheidung für einen gesinnungsethischen Pazifismus hinaus?

Keineswegs. Der pazifistische Gesinnungsethiker muss keine Wirklichkeit betrachten, wenn er über einen Krieg nachdenkt. Er kann die Augen verschließen und fordern: *Kein*

Krieg, punktum. Weil dieser blinde Dogmatismus moralisch zweifelhaft ist, ging es mir darum, eine Position zu entwickeln, die einen genaueren Blick auf die Tatsachen verlangt. Das war jene Weggabelung, wo sich die verantwortungsethische Sicht der Dinge aufdrängte: Ihr Anhänger benötigt eine möglichst faktennahe Einschätzung der Folgen kriegerischer und nichtkriegerischer Handlungen. Hierüber kann man nicht mit geschlossenen Augen befinden; doch lautet meine erkenntnistheoretische Hauptthese, dass man darüber auch nicht mit ausgeknipstem Wertekompass befinden kann.

Was bedeutet der Begriff ›Wertekompass‹? Mit dieser Metapher möchte ich andeuten, dass wir uns nicht erst bei unseren Handlungsentscheidungen an Werten orientieren (was jeder zugibt), sondern bereits bei unserer Untersuchung der Wirklichkeit. Hier liegt die Wurzel der unentwirrbaren Vermischung von Fakten und Werten, von der ich in Übereinstimmung mit den Pragmatisten wieder und wieder geredet habe.

Es ist an der Zeit, genauer zu erklären, was damit gemeint ist. Wie Sie gesehen haben, hält der Gegner des Kosovokriegs ausdauernd an seiner These fest, dass es einen friedlichen Ausweg aus der Krise hätte geben können. Und ähnlich hält der Pazifist ganz allgemein ausdauernd an der These fest, dass es immer – oder doch nahezu immer – friedliche Auswege aus all denjenigen Krisen hätte geben können, die bislang immer nur mit kriegerischen Mitteln beendet oder fortgeschrieben worden sind.

Man kann durchaus an solchen Thesen mit geschlossenen Augen festhalten – das wäre jedoch so wenig respektabel wie die pazifistische Gesinnungsethik, die ich im 5. Abschnitt kritisiert habe. Wer an den Thesen hingegen mit offenen Augen festhält, der macht sich mit ihrer Hilfe zielgerichtet daran, die Wirklichkeit zu untersuchen. Er wird nämlich (wie ich am Beispiel des Kosovo illustriert habe) besonders hartnäckig nach friedlichen und erfolgverheißenden Auswegen suchen.

Diese Suche ist anstrengend und anspruchsvoll. In ihrem Verlauf muss sich der suchende Pazifist auf einen besonders engen Kontakt mit der Wirklichkeit einlassen: Das ist die faktische Seite der Medaille. Doch spiegelt sich in der Hartnäckigkeit der Suche die Werthaltung des Pazifisten wider, und das ist die normative Seite der Medaille: Hier entscheidet sich, wie weit er in dieser Richtung gegen Widerstände aus der Wirklichkeit zu gehen bereit ist.

Seine Bestrebungen motivieren seine Überzeugungen, seine Überzeugungen füttern seine Bestrebungen. Er *strebt* selbst dann noch mit jeder Faser seines Seins nach Frieden, wenn alle anderen die Sache des Friedens längst verloren gegeben und zu den Waffen gerufen haben. Und er ist von etwas *überzeugt*: Der erfolgverheißende friedliebende Weg hat sich bislang einzig und allein deshalb nicht aufgetan, weil nicht hartnäckig genug nach ihm gesucht worden ist. Der Glaube an den Frieden und die Sehnsucht nach Frieden gehen bei ihm Hand in Hand.

Im kommenden Kapitel möchte ich die eben umrissenen Verhältnisse durch eine wissenschaftsphilosophische Parallele beleuchten. Wie sich dort mithilfe des Pragmatismus zeigen wird, stellt eine wertegeleitete Untersuchung der Wirklichkeit keinen seltsamen Sonderfall dar, sondern ist ganz normale naturwissenschaftliche Praxis. Mehr noch, die wertegeleitete Untersuchung der Wirklichkeit durch Physiker passt stimmiger mit der wertegeleiteten Untersuchung der Wirklichkeit durch Pazifisten zusammen als mit derjenigen der Antipazifisten.

Um keine unrealistischen Erwartungen zu schüren, beeile ich mich zuzugeben, dass sich solche Vergleiche nicht durch wasserdichte Argumente erzwingen lassen; doch auch wenn die argumentativen Mittel beim Vergleichen laxer sind, als man wünschen könnte, wird damit einiges erreicht. Die Vergleiche laufen auf eine Einladung an den Antipazifisten hinaus, die Welt zur Abwechslung einmal mit anderen Augen zu betrachten und sich auf bestimmte Idealisierungen einzulassen, die am Ende sogar ausprobiert werden könnten.

Sechstes Kapitel: Ein optimistischer Vergleich zwischen Pazifismus und Physik

21. Ausflug in die pragmatistische Wissenschaftsphilosophie

In den Köpfen vieler Zeitgenossen spukt eine illusorische Vorstellung davon herum, wie Naturwissenschaft funktioniert: Dieser Vorstellung zufolge sammeln Naturwissenschaftler in einem ersten Schritt rein empirisch die objektiven Beobachtungstatsachen. ›Objektiv‹ bedeutet in diesem Zusammenhang, dass sich alle oder doch fast alle anwesenden Beobachter – unabhängig von Augenfarbe, Alter und Wertperspektive – auf ein und dieselben Beobachtungstatsachen einigen können; eine solche Objektivität läuft also auf eine Form von intersubjektiver Verbindlichkeit hinaus (und lässt sich wegen des Ausdrucks »*fast* alle« gut mit Graustufen versehen, statt als trennscharfe Frage von Ja oder Nein gefasst werden zu müssen).

In einem zweiten Schritt, so die überkommene Vorstellung, leiten die Naturwissenschaftler aus den objektiven Beobachtungstatsachen ihre Naturgesetze und Theorien ab – und zwar mit vorurteilsfreien, logischen Mitteln, einerlei ob diese Mittel deduktiv sind (wasserdicht und zwingend sicher) oder induktiv (nur wahrscheinlich, aber doch statistisch sicher genug).

Es gibt viele verschiedene Möglichkeiten, diese verbreitete Vorstellung auszuarbeiten. In die Einzelheiten brauchen wir uns hier nicht zu vertiefen, denn hinter allen Varianten steht der weitverbreitete Glaube, dass Naturwissenschaft insgesamt darauf hinausläuft, aus einer objektiv vorgegebenen Wirklichkeit nur das herauszulesen, was sie uns ohne jeden Manövrierspielraum vorgibt. Demzufolge wären wir in der Wissenschaft als Befehlsempfänger der Natur zu gelehriger Passivität verurteilt.

Im Laufe der Jahrhunderte hat sich immer wieder Protest gegen diese Vorstellung von Naturwissenschaft erhoben. Der Protest lief im Kern auf die Forderung hinaus, auch den aktiven, kreativen, menschlichen Beitrag zur naturwissenschaftlichen Erkenntnis im Blick zu behalten. Johann Wolfgang Goethes humanistische Wissenschaftsphilosophie war ein Versuch, diesen Protest zu artikulieren. Einen anderen Versuch mit ähnlicher Zielrichtung haben klassische Vertreter des nordamerikanischen Pragmatismus unternommen – allen voran William James (1842–1910) und Charles Sanders Peirce (1839–1914). Ihre Gedanken wurden von Neopragmatisten wie Willard Van Orman Quine (1908–2000), Morton White (1917–2016) und Hilary Putnam (1926–2016) wieder aufgegriffen. Um der Kürze willen werde ich wie gehabt einfach nur von Pragmatismus sprechen und die vielen feinen Unterschiede zwischen den Positionen dieser Denker beiseitelassen.

Unabhängig von interpretatorischen Feinheiten lautet eine Schlüsselbotschaft des pragmatistischen Protests gegen die überkommene Wissenschaftsvorstellung: Naturwissenschaft ist ein lebensverbesserndes Projekt von Menschen für Menschen; müssten begrenzte Wesen wie der Mensch die objektiven Beobachtungstatsachen einfach nur unkritisch hinnehmen, um darauf aufbauend die einzig wahren wissenschaftlichen Gesetze und Theorien zu formulieren, so würden sie gleich zu Beginn des Unterfangens jämmerlich in der chaotischen Masse der Beobachtungstatsachen ertrinken. Etwa in der Astronomie: Bedenken Sie, dass die nächtlichen Himmelsbeobachtungen ein unüberschaubares Chaos bieten und dass viele – ja, letztlich alle – dieser Beobachtungen fehlerbehaftet sind, denn kein Beobachtungsprotokoll ist hundertprozentig genau.

Um der Misere zu entrinnen, müssen sich, so der Pragmatismus, die Naturwissenschaftler an gewissen Prinzipien orientieren, die ihre Untersuchung leiten. Einerseits steuern die

Prinzipien die Richtung der Beobachtungen, andererseits deren weitere theoretische Berücksichtigung sowie ihre Korrektur. Es wird also nicht jede beliebige Tatsache untersucht, und nicht jedes beliebige Untersuchungsergebnis fließt in die Formulierung der Theorien und Gesetze ein – manche werden vergessen, andere werden vor ihrer Berücksichtigung mehr oder minder stark zugerichtet.

Laut dem überkommenen Bild dessen, was Wissenschaft ausmacht, ist dieser kreative, fallweise, pragmatische Umgang mit den Fakten unzulässig. Pragmatisten erwidern, dass es nicht anders geht; ohne tentative Leitprinzipien, so ihre Antwort auf den Vorwurf, gäbe es nicht dasjenige Projekt, das wir Naturwissenschaft nennen. Nehmen wir beispielsweise das Leitprinzip von der Einfachheit: Auf der grundlegenden Ebene, so das Prinzip, sind die Gesetze der Natur einfach; es gibt nicht Hunderte von Grundkräften und Tausende verschiedenartiger Grundbausteine der Materie, sondern eine sehr kleine, überschaubare Anzahl von beidem.

Dass die Natur in diesem Sinne nicht kompliziert sein kann, ist für den Pragmatisten kein empirisches Resultat ihrer Untersuchung, sondern das Ergebnis einer Forderung seitens der Physiker. Wenn sich also in einem Untersuchungsgebiet keine überschaubare Ordnung, keine Einfachheit zeigen will, dann deuten das die pragmatistisch informierten Naturwissenschaftler nicht als Widerlegung ihres Einfachheitsprinzips, sondern sie nehmen die Sache zum Anlass, hartnäckig weiter nach den geforderten einfachen Ordnungen zu suchen. Selbst dann, wenn sie bei ihrer Suche über lange Zeiträume hin frustriert werden, machen sie unverdrossen weiter. Und das dürfen sie auch. Es gibt nämlich selbst angesichts anhaltender Frustrationen nicht den einen Punkt, an dem sich die Suche nach grundlegenden Einfachheiten der Natur ein für alle Mal – objektiv – zerschlagen könnte.

Warum nicht? Weil es nicht von der Natur abhängt, sondern von den Naturwissenschaftlern, ob und wann sie die Suche nach solchen Einfachheiten einstellen und sich eingestehen, dass ihr Projekt gescheitert ist. Den pragmatistisch informierten Naturwissenschaftlern ist klar: Wenn die Suche nach Einfachheit erfolglos bleibt, muss daran nicht die Natur schuld sein – die Schuld kann bei den Suchenden liegen. Vielleicht haben sie nicht ausdauernd genug gesucht? Vielleicht hatte ihre Suche einen blinden Fleck?

Interessanterweise gibt es vorab keine Garantie dafür, dass die Natur in ihren grundlegenden Zügen einfach ist. Naturwissenschaftler vertrauen darauf, setzen es voraus – und dürfen durchaus darüber staunen, wie weit sie mit dieser Haltung gekommen sind. Sie hat sich offenbar gut bewährt. Einerseits gilt also: Ohne einen erklecklichen Vertrauensvorschuss wären die beachtlichen Einfachheiten der modernen Physik nicht ans Tageslicht gekommen; nur wer sucht, der findet.

Andererseits sehen pragmatistische Wissenschaftsphilosophen in der Einfachheit der Natur schon allein deshalb keine metaphysische Notwendigkeit, weil die Einfachheit vom Menschen an die Natur herangetragen wird und weil diese Forderung bestimmte menschliche Vorlieben, ja Werte widerspiegelt.[1] Für uns wäre es besser, wenn die Natur einfach wäre; eine einfache Naturwissenschaft erleichtert uns das Leben. Gäbe es Gott, so bräuchte sie keine einfache Theorie der Welt; ihr umfassender Geist hätte vollen Überblick über sämtliche Einzeltatsachen. Was will sie mehr?

Rein theoretisch könnte die Forderung der Einfachheit mithin ins Leere laufen; unser Universum könnte unauflösbar verworren sein. Und weil diese Möglichkeit niemals ausgeschlossen werden kann, empfiehlt der Pragmatist den Naturwissenschaftlern keine absolute, rigorose, hundertprozentige Orientierung am Einfachheitsprinzip – also keine Gefolgschaft gegenüber diesem Prinzip, koste es, was es wolle. Um den Preis der Verrücktheit soll man, so der Pragmatismus, überhaupt keinem Prinzip folgen. Doch schließt das nicht aus, dass man so einem Prinzip hartnäckig genug folgen sollte, um nicht beim erstbesten Widerstand klein beizugeben. Wann der Preis für Gefolgschaft zu hoch wird, entscheidet nicht die Natur – der Mensch entscheidet es.

22. Schönheit als leitendes Ideal physikalischer Forschung

Die Einfachheit der Natur, die ich im vorigen Abschnitt besprochen habe, bot ein Beispiel für diejenigen Leitprinzipien für die naturwissenschaftliche Arbeit, die von unseren menschlichen Wertvorstellungen herkommen und laut Pragmatismus legitimerweise sehr, sehr hartnäckig (aber wie gesagt nicht bedingungslos) hochgehalten und verfolgt werden dürfen.

Es gibt eine Reihe solcher Leitprinzipien. Eines der wichtigsten und wirkmächtigsten ist ein Leitprinzip, das ohne jeden Zweifel menschliche Werte widerspiegelt, und zwar noch drastischer als im Fall der Einfachheit. Und zwar haben pragmatistische Wissenschaftsphilosophen mit als Erste auf die verblüffende Tatsache hingewiesen, wie hartnäckig sich Physiker an der Forderung orientieren, dass die grundlegenden Züge der Natur *schön* sein sollen.[2]

Laut Pragmatismus ist diese Forderung völlig legitim – solange man sich ihr hartnäckig, aber nicht um jeden Preis unterwirft. Wenn man sich ihr nun unterwirft, führt sie zu einer ganz bestimmten, wertegeleiteten Sichtweise der Wirklichkeit: Wer auf die Schönheit von Experimenten und Theorien setzt, der schaut anders, denkt anders, arbeitet anders.

Einfachheit, Schönheit: Solche Leitprinzipien (die übrigens enger miteinander zusammenhängen, als man denken könnte) bestimmen mit darüber, wie Naturwissenschaftler die Wirklichkeit sehen und verändern. Ein hässliches Experiment beispielsweise wird nicht als hinzunehmendes Faktum, sondern als verbesserungsfähig angesehen – sofort krempelt der Experimentator die Ärmel hoch und legt los.

Insgesamt also sehen die Pragmatisten in der naturwissenschaftlichen Arbeit ein stetes Geben und Nehmen zwischen Menschheit und Natur, zwischen Wertung und Objektivität. Das Ideal der Naturwissenschaft besteht ihrer Ansicht nach darin, menschliche Erkenntniswerte und objektive Naturbeobachtungen spannungsfrei ins Gleichgewicht zu bringen: ein Ideal, dem sich die Naturwissenschaftler immer nur annähern können, bei dessen Verfolgung sie aber bis auf den heutigen Tag beachtliche Fortschritte erzielt haben.

Noch weiter brauche ich meine Skizze der pragmatistischen Wissenschaftsphilosophie nicht auszuführen; das Dargestellte reicht hin, um einige Anknüpfungspunkte für den Pazifisten aufzuzeigen. Er geht stellenweise nicht viel anders vor als so, wie ich es für Naturwissenschaftler umrissen habe. Auch in seiner Auseinandersetzung mit der Wirklichkeit spielen Leitprinzipien eine große Rolle – auch sie beeinflussen seinen Blick auf die Wirklichkeit; auch in ihnen spiegeln sich bestimmte Werte wider; auch sie gelten nicht uneingeschränkt; auch bei ihnen geht es um ein Gleichgewicht untereinander und mit den unbestreitbaren Fakten. Und was vielleicht am wichtigsten ist: Auch sie sind von einem gewissen Optimismus getragen: Der Glaube an das Gute im Menschen und der Glaube an die Schönheit im Kosmos passen vorzüglich zusammen.

23. Pazifistische und physikalische Leitprinzipien im Vergleich

Mit dem naturwissenschaftlichen Leitprinzip der Einfachheit aus dem vorletzten Abschnitt lässt sich die pazifistische Suche nach friedfertigen Alternativen zu kriegerischen Handlungsweisen vergleichen, wie ich sie vorhin ausführlich beleuchtet habe (vgl. den 19. und 20. Abschnitt). Beide Suchstrategien – die nach einfachen und die nach friedlichen Lösungen – verlangen ein hartnäckiges Engagement, also ein Engagement, das sich nicht vom erstbesten Widerstand demoralisieren lässt.

Ein weiteres pazifistisches Leitprinzip hängt mit dem Glauben an das Gute im Menschen zusammen und ist uns bereits mehrfach begegnet (vgl. den 15. und 19. Abschnitt). Diesem Leitprinzip zufolge ist prinzipiell jeder Mensch zur Einsicht fähig – vorausgesetzt, dass man ihm die Chance dazu einräumt. So verstanden ist der Glaube an das Gute im Menschen kein empirisches Resultat etwa einer statistischen oder neurophysiologischen Untersuchung der Menschheit, insbesondere ihrer Verbrecher, Gewalttäter und Kriegsherren. Dieser Glaube ist vielmehr eine Forderung, all diese Leute aus einem ganz besonderen Blickwinkel heraus zu betrachten und ihnen entsprechend entgegenzutreten – um es pathetisch auszudrücken: mit den Augen der Liebe. Was das heißt, haben uns die großen Pazifisten wie Jesus, Mahatma Gandhi oder der Dalai Lama vorgelebt. Als Vorbilder haben sie gezeigt, wie weit Menschen in dieser Richtung vorankommen können und wie weit wir Normalmenschen noch von diesem Ideal entfernt sind.

Wieder gilt: Um den Preis der Verrücktheit sollten wir uns der Forderung auf keinen Fall unterwerfen. Es gibt nach allem, was wir wissen, Psychopathen und Schwerstverbrecher; diese Leute dürfen keinesfalls frei herumlaufen. Wenn so jemand zu mächtig wird und dann auch noch eine große Armee kommandiert, könnte man ihn notfalls ins Jenseits befördern, genau wie es der erklärte Pazifist Dietrich Bonhoeffer (1906–1945) im Falle Hitlers für richtig hielt.[3]

Aber es gibt keine ganzen Völker von Psychopathen, und selbst wenn eine Nation mehrheitlich im Bann eines noch so charismatischen Psychopathen stehen sollte: Der pazifistische Glaube an das Gute im Menschen besagt, dass der Bann des Psychopathen gelöst werden und dass sein betörtes Gefolge – ganz normale Menschen! – ohne Gewalt eines Besseren belehrt werden kann. Es ist, so die Idee, jederzeit möglich, ihnen die Augen zu öffnen, sie aus dem Griff der Propaganda zu befreien und ihnen den Weg zur Umkehr zu weisen, fort von Hass, Rassismus, Ressentiment, Unterdrückung und giftigem Nationalismus, hin zu einem friedlichen, konstruktiven, offenen Miteinander.

Ist diese Leitidee zu weltfremd, zu idealistisch? Dass es eine optimistische Leitidee ist, gebe ich bereitwillig zu; ich lasse mich gerne als Optimisten bezeichnen. Doch wer hat genug Wissen, um zu behaupten, dass die Leitidee nur scheitern kann? Und zwar noch bevor versucht worden ist, ihr ernsthaft und nachhaltig zu folgen?

Bedenken Sie: Wenn Genies wie Nikolaus Kopernikus (1473–1543) und Johannes Kepler (1571–1630) zu Beginn der neuzeitlichen Physik ähnlich kleinmütig mit dem Ideal der Schönheit unseres Kosmos umgegangen wären, dann hätten wir heute keine moderne Physik. Zugegeben, der Glaube an das Gute im Menschen ist ein Ideal, aber darin nicht anders als der Glaube an die Schönheit des Kosmos, der unsere Physik so sehr beflügelt hat.

Sollen wir also auch die Koryphäen der neuzeitlichen Physik als weltfremd belächeln? Besser nicht, denn wir verdanken ihnen einen besonders intensiven und erfolgreichen Kontakt zur

Welt. Ein mächtigeres Erkenntnismittel der Wirklichkeit als die Physik haben wir nicht. Und das gilt, obwohl in die Entfaltung dieser Physik auch menschliche Werte eingeflossen sind. Dem hohen Maß an Objektivität der Physik tut dies keinen Abbruch; ihre Ergebnisse sind zwar nicht völlig unabhängig von menschlichen Werten, doch weil über diese Ergebnisse größte Einigkeit herrscht und weil die davon inspirierten Apparate bestens funktionieren, haben wir hier so gut wie alles erreicht, was man sich wünschen mag.

Meiner Ansicht nach steht die Menschheit in Bezug auf Krieg – und also mit Blick auf sich selbst – an einem ähnlichen Startpunkt wie ganz am Anfang der neuzeitlichen Physik mit Blick auf den Kosmos: Die Physiker haben damals (in der Mitte des vorigen Jahrtausends) mit ihren revolutionären Leitprinzipien einen vertrauensvollen Sprung gewagt. Die im Sprung ausprobierten Werte waren hochkontrovers; beinahe erschienen sie zu schön, um wahr zu sein. Doch da sie erfolgreich waren und heute in der physikalischen Arbeit von vielen Forschern respektiert werden, ergibt sich zumindest für mich daraus die Hoffnung, dass eines Tages auch die Werte und Leitprinzipien der Pazifisten breitere Anerkennung finden werden als gegenwärtig. Man müsste sie nur endlich einmal ausprobieren. Und warum nicht bald? Seit Jahrtausenden schlagen einige versprengte Idealisten vor, mit Krieg schon im Denken radikal Schluss zu machen – und seit Jahrtausenden traut man sich nicht, ihnen zu folgen.

24. Angst

Der Vergleich zwischen den – seit Jahrhunderten erfolgreich ausprobierten – Leitideen der Physik und den Leitideen des Pazifismus, die bislang fast nirgends einem Test unterzogen wurden, hat mehr für sich, als bislang herausgekommen ist. Für den Vergleich spricht, dass sich unter Physikern überdurchschnittlich viele Pazifisten finden – zwar immer noch verschwindend wenige, aber anteilig gesehen deutlich mehr als in der Gesamtbevölkerung.

Meiner Ansicht nach ist das kein Zufall. Einerseits spüren viele Physiker deutlich genug, wie förderlich sich ein gewisser idealistischer Optimismus auf ihre Arbeit und ihr Fach auswirkt; manche ahnen, dass dies eigentlich einen Anlass zum Staunen bieten könnte.[4] Warum sollte man also nicht auch sonst darauf bauen, etwa beim Thema Krieg und Frieden, dass sich dem optimistischen Idealismus Anlässe zum Staunen bieten werden, wenn man ihm nur endlich eine Chance eröffnet?

Andererseits ist Physikern klar, dass die Früchte ihres Idealismus erst nach harter Arbeit geerntet werden konnten. Sie haben keine Luftschlösser gebaut. Bedenken Sie: Keine wissenschaftliche Disziplin hat das Antlitz der Erde so nachhaltig verändert wie die Physik. Um stabile Ergebnisse sicherzustellen und das Chaos sich tausendfach überlagernder, störender Wechselwirkungen zu bändigen, mussten die Physiker idealisierte Umgebungen schaffen; ein Großteil der Physik beruht auf Laborwissenschaft, die in geordneten, überschaubaren, kontrollierbaren Räumen stattfindet.

Die Gesellschaft hat von den hierbei erarbeiteten Kontrollfähigkeiten der Physiker erheblich profitiert; all die Maschinen, Geräte und technischen Apparate, die unseren Alltag auf das Angenehmste erleichtern, sind nichts anderes als Errungenschaften der Laborarbeit. Und so nimmt unsere technisch durchgeformte Umgebung immer mehr den Charakter eines umfassenden Labors an.

Was es heißt, die Kontrolle über ein Geschehen zu verlieren oder gar nicht erst zu gewinnen, dürfte kaum einer so genau wissen wie die Experimentalphysiker; wenn es ihnen übel ergeht, werden sie von der Angst vor Kontrollverlust und Kontrollunfähigkeit bis in ihre schlimmsten Albträume verfolgt.

Krieg nun ist das krasseste Chaos überhaupt. Daher ist es kein Wunder, dass sich ausgerechnet viele Physiker die chaotischen Gefahren außer Kontrolle geratener Kriege besonders drastisch vor Augen stellen können. Und es ist kein Wunder, wenn sie vorschlagen, die Ärmel hochzukrempeln, sich wie gewohnt auch hier an die Arbeit zu machen, also die Wirklichkeit mithilfe idealistischer Leitprinzipien so zu verändern, dass schließlich auch noch das Chaos des Kriegs gebändigt wird und von der Erdoberfläche verschwindet.

Angst – ich habe eben ein Wort aufblitzen lassen, das aufs Schärfste die Kehrseite der optimistischen Medaille bezeichnet, mit der ich bis hierher zu glänzen versucht habe, nämlich die Kehrseite des idealistischen Glaubens an Einfachheit, Ordnung, Schönheit und an das Gute im Menschen. Diese Kehrseite bringt zuletzt einen gehörigen Schuss Pessimismus in mein pazifistisches Unterfangen.

Beim physikalischen Experimentieren mag sich das noch einigermaßen harmlos anhören (selbst wenn es für die Karriere des betroffenen Experimentators bedrohlich werden mag): Was auch immer technisch schiefgehen kann, geht schief – so lautet Murphys Gesetz. Mit diesem Pessimismus muss man als Experimentator leben lernen, denn der Normalfall ist entschieden *nicht* das gelingende Experiment.

Weit bedrohlicher wird die Angst vor fehlender Kontrolle im Fall von Krieg. Dass die Präzisionslabore vom Bombenhagel mit als Erstes außer Betrieb gesetzt werden, mag man noch als Luxusproblem einer kleinen Elite abtun: Im Krieg gelten andere Prioritäten, da müssen die physikalischen Erkenntnisinteressen wohl oder übel hintangestellt werden. Doch wenn das Kriegs-Chaos auf diejenigen technischen Errungenschaften überzugreifen droht, die aus den Laboren der Physik in die Gesellschaft exportiert worden sind und die ums Verrecken stabile Betriebsbedingungen benötigen, dann wird der Kontrollverlust für die ganze Menschheit zur existentiellen Bedrohung.

Der Betrieb von Atomkraftwerken in Kriegsgebieten ist ein Vabanquespiel, und das Kriegführen auf Territorien mit laufenden Atomkraftwerken ist dasselbe Vabanquespiel. (Übrigens schert sich diese explosive Tatsache keinen Deut um so feine Unterschiede wie denjenigen zwischen Angriffs- und Verteidigungskrieg.)

Niemand kennt das soeben aufgerufene Risiko so gut wie die Atomphysiker und die von ihnen instruierten Ingenieure.[5] Der daraus hervorgehende Pessimismus ist in gewisser Weise derselbe Pessimismus, den Pazifisten auf Krieg insgesamt ausdehnen. Sie fürchten sich vor dem unkontrollierbaren Chaos eines sich immer weiter steigernden Wechselspiels von Gewalt und Gegengewalt.

Diese Furcht empfinden viele Zeitgenossen, aber keiner rückt sie so sehr in den Vordergrund wie die Pazifisten. Ob ihnen die Physiker auch hierin stärker gleichen als der Bevölkerungsdurchschnitt, kann ich offenlassen. Zugegebenermaßen funktioniert bereits die zuvor beleuchtete Gleichung zwischen Physikern und Pazifisten alles andere als vollständig; die durchlaufenen Überlegungen hierzu waren keine zwingenden Argumente – eher habe ich Sie mithilfe einer speziellen Interpretation dessen, was Physik ausmacht, einzuladen versucht, einen neuen Blickwinkel auf Krieg und Frieden einzunehmen. Für meine Zwecke würde es genügen, unter pragmatistischen Vorzeichen eine teilweise Geistesverwandtschaft zwischen Physikern und Pazifisten aufzuzeigen oder doch nahezulegen; das genügt mir deshalb, weil sich diese Verwandtschaft deutlich genug in vergleichbaren Erkenntnisprinzipien für die Wahrheitssuche niederschlägt und weil ich daraus den tentativen Schluss ziehen kann, dass Pazifisten nicht grundsätzlich wirklichkeitsfremder sind als die in dieser Hinsicht unverdächtigen Physiker.

Siebtes Kapitel: Pragmatismus, Pazifismus, Pessimismus

25. Pessimismus

Wenn Sie die Wahl hätten: Wären Sie dann lieber Optimist oder Pessimist? Es gilt als Binsenweisheit, dass sich der Streit zwischen Pessimisten und Optimisten über die augenblickliche Füllmenge eines Wasser- oder Weinglases nicht anhand objektiver Fakten entscheiden lässt (ist es halbleer oder halbvoll?) – es handelt sich um einen Zwist verschiedener Sichtweisen, und man kann dafür durchaus die Werthaltungen der Kontrahenten verantwortlich machen. Damit bekommt ihr Streit einen ähnlichen Ruch wie der, den ich im Streit zwischen Pazifisten und ihren Gegnern aufgespürt habe. So gesehen lohnt es sich zu fragen, ob Sie lieber Anhänger oder Gegner des Pazifismus sein möchten.

Es wäre freilich falsch anzunehmen, dass Pazifisten einfach nur durch und durch Optimisten wären oder dass ihre Gegner sich einem konsequenten Pessimismus verschrieben hätten. Diese Rollenverteilung gilt zwar wie dargetan mit Blick auf das Gute im Menschen, doch drehen sich bei anderen Themen die Rollen genau um. Die eben aufgeworfene Frage läuft also darauf hinaus, sich zu überlegen, bei welchem Thema man lieber optimistisch unterwegs sein will und bei welchem lieber pessimistisch.

Gehen wir dieser Spur ein Stückweit nach: Auch Pazifisten pflegen wie gesagt einen stellenweisen Pessimismus; so machen sie sich größte Sorgen darüber, ob sich kriegerische Konflikte vorhersagen und kontrollieren lassen. Früher als andere fürchten sie, dass sich auch aus zunächst überschaubaren militärischen Kämpfen am Ende ein Weltenbrand entwickeln kann bis hin zum atomaren Inferno. Ob Kubakrise oder Fehlalarm auf sowjetischen Bildschirmen: Einige Male stand die Welt am Abgrund, und wir hatten nichts als Glück, dass es gutgegangen ist.

Wie ein Blick in die Archive zeigt, verdankt die Menschheit ihre Fortexistenz gleich mehrmals einer sowjetischen Scheu vor dem ultimativen Losschlagen. So stocherten die Amerikaner während der Kubakrise laut den Gesprächsmitschnitten aus dem Weißen Haus im Nebel und hatten nicht die leiseste Ahnung, wie Nikita Sergejewitsch Chruschtschow (1894–1971) kurz vor dem anvisierten Knall reagieren würde; der gab nach und stationierte dann doch keine Atomraketen auf Kuba.[1] Die amerikanische Politik war ein Pokerspiel mit viel *fortune*. Es ist eine Illusion, zu glauben, dass sie das Ergebnis objektiv nachvollziehbarer Risikokalkulationen gewesen wäre. Und es gibt nicht die geringste Garantie dafür, dass ein solches Pokerspiel bei der nächsten Gelegenheit wieder so glimpflich verlaufen wird.

Es ist fast schon ein Axiom der amerikanischen Außenpolitik, dass eine militärische Drohung stets mit der Bereitschaft und der Fähigkeit unterfüttert sein muss, die Drohung im Fall der Fälle auch umzusetzen: Leere Drohungen gelten bei den dortigen Experten als undenkbar.[2] Wie es hiermit in den Moskauer Machtzirkeln steht, weiß keiner so genau. Da wird einem mulmig zumute, etwa angesichts der haarsträubenden, schwerverbrecherischen Atomkriegsdrohungen aus Russland schon alleine während der ersten Monate des Überfalls auf die Ukraine.

Auch viele Nichtpazifisten kennen eine solche Furcht; aber sie nehmen sie weniger ernst oder empfinden sie weniger stark. Dieser Unterschied dürfte einer der Gründe dafür sein, dass Pazifisten oft als Hysteriker hingestellt werden. Sind sie Angsthasen? Sind sie viel, viel empfindlicher als ihre nervenstärkere Umgebung? Oder noch schlimmer: Sind sie irrational?

Meiner Ansicht nach verhält es sich in dieser Angelegenheit ähnlich wie bei der Sache mit dem Wasser- oder Weinglas. Es steht nicht objektiv fest, ab welchem Schwellenwert eine Angst berechtigt ist. Ob Sie eine Gefahr früher ernst nehmen als Ihr Nachbar, ist einerseits eine Charakterfrage, in der sich andererseits Ihre Werthaltungen widerspiegeln. Es gibt erstens risikoscheue Typen und zweitens risikofreudige – die damit verbundenen Werthaltungen kann man entweder mit Etiketten wie Vorsicht *versus* Tollkühnheit versehen oder aber mit Etiketten wie Feigheit *versus* Tatkraft im Kampf gegen das Böse. Der Pazifist wird vermutlich das erste Etikettenpaar nutzen, sein Gegner das zweite.

Auf wertfreiem oder objektivem Weg werden wir keine Entscheidung in diesem Zwist herbeiführen. Wer etwa die Angst vor einem Atomkrieg infolge von Waffenlieferungen in den Wind schlägt, weil die Katastrophen-Wahrscheinlichkeit nicht sonderlich hoch sei, der gibt sich dadurch nicht als Realist, sondern als Verächter eines bestimmten Wertsystems zu erkennen, denn auch er braucht gewisse Werte, um seine Haltung zu stabilisieren; so schätzt er die Bedeutung von Risiko und Tatkraft höher ein als die von Vorsicht und Sorge.

Mit alledem will ich nicht sagen, dass dieser Streit unentschieden ausginge, ganz im Gegenteil – wie ich als Nächstes plausibel machen möchte, ist die ängstlichere, vorsichtigere Haltung des Pazifisten insgesamt attraktiver. Um das zu motivieren, formuliere ich den Hintergrund für seine Angst und seinen Pessimismus zunächst als Leitprinzip: Schärfen Sie Ihren Blick für die unkontrollierbaren, irreversiblen Nebenfolgen eines militärischen Einsatzes, und achten Sie besonders auf die leisesten Anzeichen jedweder Gefahr, dass ein weiterer Weltkrieg ausbrechen könnte, ja ein Atomkrieg.[3]

26. Inferno

Das allerletzte Wort des vorigen Abschnitts ist entscheidend für den pragmatischen Pazifisten der Gegenwart. In seiner Haltung steckt eine Wertung, die fast jedermann teilt: Ein Atomkrieg wäre eines der schlimmsten Übel überhaupt. Wie ich finde, ist es alles andere als unvernünftig, diese Wertung schon auf einen etwaigen ersten kriegerischen Neueinsatz einer Atombombe nach Hiroshima und Nagasaki (August 1945) zu münzen. Denn das angesichts dieser krassen Kriegsverbrechen alsbald hochgezogene Tabu gegen jedweden Atomwaffeneinsatz würde mit seiner ersten Übertretung jäh zur Makulatur. Wenn auch nur eine einzige weitere Atombombe im Krieg explodiert, dann wird das aller Wahrscheinlichkeit nach nicht die letzte gewesen sein.[4]

Das formulierte Leitprinzip (der geschärften Aufmerksamkeit für die Gefahren einer Eskalation) ist übrigens kein Ausdruck irgendwelcher weltfremder Werte, sondern Ausdruck von Sorgfalt im Angesicht größter Gefahr. Ein sehr ähnliches Leitprinzip gilt als Markenzeichen guter Ingenieure. Wer etwa für die Sicherheit eines Atomreaktors verantwortlich zeichnet, wird ebenfalls nach den allergeringsten Gefahrenquellen Ausschau halten; das gehört zur Jobbeschreibung und zur Berufsehre.

Wenn wir es also den gewissenhaftesten Ingenieuren in Sachen vorausschauender Extremvorsicht gleichtun, allerdings aus Sorge vor dem Atomkrieg (anstelle von deren Sorge vor dem GAU, dem größten anzunehmenden Unfall), dann werden wir z. B. schon die Gefahr eines *versehentlich begonnenen* Atomkriegs ernst nehmen. In der Tat wächst die Gesamtwahrscheinlichkeit dafür mit jedem einzelnen bevorstehenden Tag, an dem eine nervöse Atommacht kriegerische Schläge auf ihre Truppen und Ausrüstung hinnehmen muss (und auch diese

Gefahr schert sich nicht um den feinen Unterschied zwischen Angriffs- und Verteidigungskrieg).

Wer den Pazifisten hierin widerspricht, gibt sich dadurch als Anhänger anderer Werte zu erkennen. Er mag das ungeheure Übel eines Atomkriegs zugeben, aber darauf beharren, dass wir stets mit Risiken leben müssen, dass sich die Risiken des Ausbruchs eines solchen Kriegs minimieren lassen und dass bei hinreichender Sorgfalt nur noch eine zu vernachlässigende Wahrscheinlichkeit der Katastrophe übrigbleibt.

Diese Sichtweise lässt sich zwar nicht als objektiv falsch brandmarken. Sie entspricht aber nicht den heutzutage respektierten Standards für Sorgfaltspflichten bei größtmöglichen Gefahren. Sie gehört vielmehr in das Wertsystem von Spielernaturen. Um meine Kritik polemisch in einem Klischee zu fassen: Manche Börsenbroker ticken so. Ob wir diesem Menschenschlag unsere Altersversorgung anvertrauen sollten, mag bei den Parlamentswahlen jeder für sich selbst entscheiden; aber das Überleben der Menschheit?

Weniger polemisch: Der Optimismus in Bezug auf Kontrollierbarkeit und Vorhersagbarkeit militärischer Auseinandersetzungen geht eine gewagte Wette ein. Wer als Naturwissenschaftler geschult ist, weiß gut genug, welchen Aufwand und wie viel Kausalverständnis hinter seriösen Prognosen stehen müssen. Das vieltausendfach verwickelte Geschehen eines großen Kriegs mit einer Unzahl an Akteuren übersteigt jede realistische Prognosefähigkeit – das wurde im 16. Abschnitt bereits herausgestrichen.

Doch beginnt die Schwierigkeit bereits beim Einzelakteur: Hinreichend zuverlässige prognostische Mittel fehlen uns schon allein dann, wenn es darum geht, einen einzigen schwerverbrecherischen Diktator vorherzusagen, der sich gern zynisch gibt, viele Menschenleben auf dem Gewissen hat – und mit Atomkrieg droht. Was wird er tun, wenn er sich in die

Ecke gedrängt sieht? Was wird er tun, wenn er wähnt, dass sein Land (Russland) in seiner Existenz bedroht ist – also genau in dem Fall, für den er mit brutaler Offenheit einen Atomkrieg angekündigt hat?

Die Frage ist derzeit aktueller denn je. Es gibt Putin-Kenner, Militärs und Psychologen, für die dessen 2022 mehrfach geäußerte Drohung nichts anderes als ein großer Bluff ist; andere Putin-Kenner, Militärs und Psychologen widersprechen dem und nehmen die Drohung ernst. Dieser Streit unter den Fachleuten spiegelt unsere erkenntnistheoretische Situation wider: Wir wissen einfach nicht, wer von beiden recht hat!

Nun gebietet die Tugend der Sorgsamkeit, dass wir im Angesicht großer Gefahren unbekannter Wahrscheinlichkeit besser kein Risiko eingehen sollten. Spielernaturen sehen es naturgemäß anders. Pazifisten wiederum halten deren optimistische Sichtweise für Hybris. Obschon mir diese Wertung in letzter Zeit immer glatter über die Lippen geht, weiß ich über Hybris noch nicht viel Erhellendes zu sagen. Der Begriff der Hybris bezeichnet die Anmaßung des Menschen, sich wie ein Gott zu verhalten, entspringt also religiösen Weltbildern, und daraus lässt sich verständlich machen, wie es kommt, dass Religiosität und die pazifistische Ablehnung von Krieg als Hybris oft Hand in Hand gehen.

Fast dieselbe Bewertung der prognostischen Selbstüberschätzung des Gegners der Pazifisten steht uns freilich auch in säkularisierter Form zu Gebote. Man muss nicht religiös sein, um daran zu erinnern, wie gut wir daran tun, unsere Erkenntnissituation bei Prognosen solcher Wichtigkeit eher zu bescheiden als zu übermütig einzuschätzen – mit gesunder Skepsis eben.

27. Pragmatistische Gesamtschau

Um die zuletzt durchlaufenen Überlegungen zuzuspitzen, stelle ich Sie vor eine Wahl:

Entweder entscheiden Sie sich optimistisch für den Glauben an das Gute im Menschen und werten es pessimistisch als Hybris, jedenfalls als Selbstüberschätzung, wenn jemand verspricht, Kriege mit hinreichender Sicherheit vorhersagen, steuern, begrenzen und siegreich beenden zu können.

Oder aber Sie entscheiden sich für einen Optimismus mit Blick auf die Vorhersagbarkeit sowie die technisch-militärische Beherrschbarkeit von Konflikten, verbinden diese Haltung aber mit einem Pessimismus in Bezug auf die menschliche Natur, glauben also, dass manche Menschen nur mit vorgehaltener Pistole zur Raison gebracht werden können und dass diese Methode auch bei ganzen Armeen und ihren Kriegsführern zuverlässiger funktioniert als der Versuch, der Gegenseite die Augen zu öffnen für das Unheil, das jede kriegerische Gewalt mit sich bringt und in das sich beide Seiten immer weiter verstricken, wenn nicht jemand den Bann bricht und endlich auf Frieden, das Gute, die Liebe setzt.

Für die Entscheidung zwischen diesen gegensätzlichen Mischungen aus Optimismus und Pessimismus gibt es kein zwingendes, objektives Argument. Und doch behaupte ich, dass die erste Möglichkeit besser ist als die zweite. Sie passt insgesamt besser in das gesamte Bild dessen, was sich die meisten unserer Zeitgenossen in ihrem Lebens- und Meinungswandel mehr oder minder deutlich von der Welt, von der Menschheit und von sich selber zurechtgelegt haben.

Um über einen kurzen Ausdruck für all das zu verfügen, werde ich von einem ›Gesamtbild‹ sprechen, worin einerseits objektive Überzeugungen vorkommen, andererseits Werte, Normen, Leitprinzipien, kontrafaktische Wenn-dann-Meinungen, Haltungen, Grundüberzeugungen, Erinnerungen, Narrative, Gefühle, Schönheitsempfindungen, Stimmungen und vieles mehr. Der ganze Inhalt unseres seelischen Gepäcks steckt in diesem so verstandenen Gesamtbild. Und die Elemente dieses Gesamtbildes hängen untereinander auf vielfältige Weisen zusammen: bestärken und erhellen sich gegenseitig, folgen logisch auseinander, passen mehr oder minder gut zusammen, bilden eine Ordnung, und zwar im Idealfall so wie ein gut geknüpftes Netz.

Von diesem Ausgangspunkt kann ich es wagen, einen umfassenden Pragmatismus zu umreißen, einen Pragmatismus so wie ich ihn verstehe und attraktiv finde. Jedermann hat sein eigenes Gesamtbild, und es ist ständig im Wandel. Es dient uns dazu, mit den zahllosen Eindrücken aller Art fertigzuwerden, die tagein, tagaus auf uns einprasseln und denen wir uns idealerweise mit souveräner Gewandtheit stellen sollten. Je besser uns das gelingt, je erfolgreicher im Leben also unsere Auseinandersetzung mit der Wirklichkeit abläuft, desto überzeugender ist das Gesamtbild zum fraglichen Zeitpunkt.

Störungen im Ablauf entstehen unter anderem dann, wenn sich Spannungen zwischen den verschiedenen Elementen des Gesamtbilds auftun, wenn also etwa eine theoretische Überzeugung aus der Physik nicht zur tatsächlichen Beobachtung passt oder wenn eine moralische Norm uns eine Handlung abverlangt, gegen die sich unsere Gefühle sträuben. Je harmonischer die Elemente des Gesamtbildes miteinander zusammenstimmen, das heißt, je weniger Spannungen darin vorherrschen, desto besser. Hier haben wir das Ideal der Stimmigkeit, das ich im 14. Abschnitt kurz gestreift habe.

Die stark objektive Naturwissenschaft bildet einfach nur einen speziellen – wenn auch bedeutenden – Teil dieses Gesamtbildes: Sie ist nicht vom ganzen Rest isoliert, führt kein autonomes Eigenleben; auch sie dient letztlich nichts anderem als dem gelingenden Leben. Auch sie muss sich also, so gut es geht, dem Ideal der Stimmigkeit beugen. Daher ist es kein Zufall, dass die von ihr beachteten Leitprinzipien (wie Einfachheit und Schönheit) mit menschlichen Werten unterfüttert sind. Eine Besonderheit dieses – vergleichsweise objektiven – naturwissenschaftlichen Teils unseres Gesamtbilds besteht darin, dass er von Person zu Person weniger variiert als dessen subjektivere Elemente (wie gewisse Gefühlstendenzen und Stimmungen). Doch insofern er bereits gewisse Werte und Leitprinzipien enthält, die sich in der Wissenschaftsgeschichte bewährt haben, strahlt er gleichsam in die subjektiveren Bereiche unserer Gesamtbilder hinein und sorgt auch dort für ein gewisses Maß an Ordnung.

Die stete Bereitschaft zur Idealisierung unter anderem mithilfe des Leitprinzips der Schönheit, an dem sich viele Naturwissenschaftler orientieren, harmoniert beispielsweise besser mit dem pazifistischen Glauben an das Gute im Menschen als mit dessen pessimistischem Gegenteil. Ich habe diesen Glauben vorhin mit Liebe in Verbindung gebracht (was zumindest meiner Meinung nach eine stimmige Verbindung wäre und gut zum Moment der Schönheit passt). Der pessimistische Gegenspieler dieser Liebe zeigt eine gewisse Härte, ja Gnadenlosigkeit gegenüber manchen Menschen (den sogenannten Bösen), die sich bis zum erbarmungslosen Hass auf Feinde steigern kann. Das wiederum harmoniert nicht gut mit einer Wertung, die wir fast alle teilen und die der hochrationale Pazifist Bertrand Russell mit entwaffnender Einfachheit so auf den Punkt gebracht hat: »Love is wise, and hatred is foolish«.[5]

Vielleicht helfen diese Andeutungen, es etwas klarer zu machen, warum ich meine, dass sich der Pazifismus mit seiner Liebe zum Menschen insgesamt als stimmigere Haltung in unser Gesamtbild einfügen lässt. Dass das Ergebnis immer noch zu wünschen übriglässt, werde ich im kommenden und zugleich letzten Abschnitt freimütig einräumen.

Mit einem solchen Eingeständnis stehe ich recht alleine da. Ist das eine Schwäche? Oder stellt es eine Stärke dar, seine Schwächen offenzulegen? Als Pazifist setze ich auf die zweite dieser Wertungen. Selbst wenn ich Sie zuletzt nicht von meiner Sicht der Dinge zu überzeugen vermag und selbst wenn daran das Eingeständnis meiner Schwäche schuld ist: Vielleicht sind Sie nach der Lektüre zu dem Wagnis bereit, auch in ihrem Gesamtbild nach Schwächen zu suchen?

28. Schwäche

Zum Abschluss ist es an der Zeit, dass ich eine Unsicherheit offenlege, die mich nicht loslässt, seit Putin die Ukraine überfallen hat. Kann ich meinen Pazifismus angesichts dieses massenmörderischen Angriffskriegs allen Ernstes aufrechterhalten?

Bevor ich meine Selbstzweifel formuliere, möchte ich gegen jedes Missverständnis festhalten, dass ich nicht zu denen gehöre, für die im Februar 2022 eine Welt zusammengebrochen ist, die also vorher pazifistisch gesinnt waren, weil sie die Welt für gut geordnet hielten, und die diese Haltung jetzt als widerlegt ansehen. Nein, es gibt keine Widerlegungen solcher Haltungen – jedenfalls dann nicht, wenn die hier entwickelten Überlegungen richtig sind. Abgesehen davon war ein ernstgemeinter Pazifismus nie eine Schönwetter-Veranstaltung, denn er handelt ja gerade von Krieg, einem der schlimmsten Übel, das Menschen in die Welt zu bringen vermögen.

Anders als die von einem neuen Krieg in Europa jäh Überraschten habe ich seit Jahren mit etwas Ähnlichem gerechnet – was auch damit zu tun hat, dass ich mit einer Polin verheiratet bin und dass mir die blanke Angst ihrer Landsleute aus Freundeskreis und Familie vor der toxischen Aggressivität Russlands schon vor Jahr und Tag in die Knochen gefahren ist. Als die Angst im Jahr 2019 stärker wurde, habe ich diese Angst aus psychohygienischen Gründen in die Welt hinausgelassen und schrieb in einem Text zu einem Thema der Philosophie des Geistes, »dass ich mich seit einiger Zeit vor dem nächsten Krieg in Europa fürchte«.[6]

Darauf verweise ich nur deshalb, damit man mir nach Lektüre dieses Buchs nicht als Erstes Weltfremdheit vorwirft. Zwar wusste ich nicht, was kommen würde, aber ich ahnte es und hatte allemal Angst. Als der Krieg ausbrach, verwandelte sich meine Angst vor einem Krieg in Europa in die Angst vor einem Atomkrieg in Europa. Zunächst war es eine Art Panik; da aber Panik anders als zuweilen die Angst niemals ein guter Ratgeber ist, habe ich die Gründe für die Atomkriegsgefahr kühlen Kopfes zu analysieren versucht – und bin zu dem Ergebnis gekommen, dass es sich nicht um Hysterie handelt, sondern um eine berechtigte Angst: Die Wahrscheinlichkeit ist nicht sehr hoch, aber angesichts des Ausmaßes dessen, was eine solche Katastrophe für die Welt mit sich brächte, immer noch viel zu hoch.

Als ich so weit gekommen war, wurde mir schockartig bewusst, dass ich kein gutes Werkzeug an der Hand habe, um angemessen mit Angst umzugehen. Bis dahin hatte ich Angst ähnlich wie Hass, Eifersucht und Neid in die Liste der negativen – zu vermeidenden – Gefühle eingereiht; deshalb bin ich nach Kriegsausbruch nicht damit klargekommen, dass Angst mit einem Mal keinen kleinen Teil meines Gesamtbildes beherrschte. Mir ist aber auch deutlich geworden, dass es keine gute, stimmige Entscheidung wäre, mich einfach über die Angst hinwegzusetzen, sie unter den Teppich zu kehren, sie mir zu verbieten. Dafür war sie zu klar und zu eindringlich.

Unsere Bundesaußenministerin hat hingegen die aus meiner Sicht ungute konträre Entscheidung getroffen und im Bundestag mit beschwörender Stimme gefordert, »keine Angst zu haben«; wie unwohl ihr dabei vielleicht unterschwellig gewesen sein mag, könnte man aus der Tatsache herauslesen, dass sie den Satz nicht auf eigene Verantwortung, sondern als Zitat einer ukrainischen Schriftstellerin vorgetragen hat – wenn auch gleich zwei Mal und mit aller Emphase, derer sie auf so sympathische Weise fähig ist.[7] Sie hat ihre Wahl getroffen, und vielleicht blieb ihr als grüner Außenministerin nichts anderes übrig. Diese Entscheidung trennt uns. Ich achte sie, aber ich halte sie für falsch.

Wie ich zugeben muss, habe ich bislang nur allererste Schritte unternommen, um über den angemessenen Umgang mit Angst allgemein und mit Atomkriegsangst im Besonderen nachzudenken. Für mich ist es eine neue – und keine schöne – Erfahrung, dass mein Lebens- und Meinungswandel derzeit von so viel Angst durchsetzt ist. Es ist sicher nicht gut, sich ihr blind zu unterwerfen, in Schockstarre zu fallen und Putin sowie seine Gegenspieler einfach machen zu lassen. Es muss einen stimmigen Mittelweg geben zwischen dem nur zu verständlichen Wunsch, die Angst schnell, schnell, schnell loszuwerden, und der Lähmung durch Angst.

Wo verläuft dieser Mittelweg? So wie ich es derzeit sehe, sollte man sich einem solchen Angstgefühl nicht losgelöst von den anderen Elementen des Gesamtsystems hingeben – es ist stimmiger, das Gefühl zu integrieren, die Angst also in Kontakt mit all dem zu bringen, was einem sonst noch wichtig ist.

Zwei Aspekte dessen, was das bedeuten kann, will ich kurz nennen. Erstens: Gerade dann, wenn einen die Angst zu lähmen droht, sollte man die Augen aufreißen und mit allen Mitteln der Vernunft nach Gründen wie Gegengründen für diese Angst suchen. Dabei sollte man mit der Angst, nicht gegen sie arbeiten. Sie will uns etwas sagen, wir müssen ihr kritisch zuhören. Im Verlauf dieser Arbeit an der Angst wird sie sich verändern. Wahrscheinlich hilft es, sie in Worte zu fassen, um dann im Anschluss einen Schritt zurücktreten und sie reflektieren zu können. Ich habe versucht, sie als Wegweiser hin zu denjenigen Fragen einzusetzen, die mir unter den Nägeln brennen und die einer kühlen, aber weder interesselosen noch fühllosen Untersuchung der gegenwärtigen Gefahren eines Atomkriegs gelten.

Die Angst ist ein willkommener Ratgeber bei dieser Untersuchung, aber nicht ihr Anführer. Nach allem, was wir über zum Beispiel Putin wissen *und nicht wissen*, passt ihre gegenwärtige Präsenz auf stimmige Weise zu dem pazifistischen Leitprinzip, dem zufolge wir unseren Blick für die unkontrollierbaren, irreversiblen Nebenfolgen militärischer Handlungen schärfen sollten; und wie ich eben hervorgehoben habe, passt sie auch zu unserer gegenwärtigen Schwäche im Wissen über Putin, sein Umfeld und die dort wirkenden Triebkräfte, Beweggründe, Psychosen. Es ist keine Schande, eine solche Wissensschwäche zuzugeben.

Zweitens ist es wichtig, sich nicht vor lauter Angst in einen maßlosen, alles verschlingenden Pessimismus hineinzusteigern. Das eben abermals aufgerufene Leitprinzip ist ja nicht das einzige Leitprinzip, an dem sich pragmatische Pazifisten bei der Betrachtung der Wirklichkeit orientieren. Es hat ein optimistisches Gegenstück, das mit einer anderen großen Emotion zu tun hat: mit Liebe, die beim Glauben an das Gute im Menschen ansetzt und die diesen Glauben ausdauernd für die Suche friedlicher Auswege einsetzt. In der Tat: Wenn sich Liebe und Angst, Optimismus und Pessimismus beim pazifistischen Blick auf die Wirklichkeit gegenseitig austarieren, dann bietet dies Wechselspiel vielleicht doch einen nicht ganz verkehrten Weg zu einer vernünftigen, aber nicht emotionslosen Beantwortung derjenigen Fragen, die jeder Krieg und auch dieser Krieg aufwerfen.

Was all das, genau, mit Blick auf den Krieg in der Ukraine bedeutet, kann ich noch nicht absehen. Auch nach Monaten des Kriegs will die Angst vor einer riesigen Eskalation nicht schwinden. Schlimmer noch: Sie bildet weiterhin ein unstimmiges Element in meinem Gesamtsystem – und zwar insofern, als sie überhaupt nicht zu einem Impuls passen will, den seit dem Beginn des russischen Angriffs auf die Ukraine die meisten von uns mit voller Wucht spüren, ich auch: Weil in diesem Krieg so grell und so deutlich wie schon lange nicht mehr zu sehen ist, wer angreift und wer angegriffen wird, erleben wir den unmittelbaren Impuls, den Opfern der Aggression mit aller Macht zu helfen. Das ist ein guter Impuls, und diejenigen, die ihn nicht empfinden, haben entweder ihre Augen oder ihre Herzen verschlossen.

Ich versuche, beides offen zu halten – und doch habe ich mich dazu entschlossen, dem Impuls zu helfen in demjenigen Augenblick zu widerstehen, in dem er auf die Forderung einer kriegerischen Unterstützung für die Ukraine ausgedehnt werden soll. Anders als es die offizielle ukrainische Strategie schon vor Kriegsausbruch eingeplant hatte, dürfen wir uns nicht in diesen Krieg hineinziehen lassen.[8]

Das läuft nicht darauf hinaus, die Hände tatenlos in den Schoß zu legen. Dass wir die Kriegsflüchtlinge mit offenen Armen aufnehmen und die Ukraine ökonomisch unterstützen müssen, versteht sich von selbst, stillt den erwähnten Impuls zu helfen aber nicht genügend. Und natürlich müssen wir weit mehr als bislang tun, um wenigstens Teilen der russischen Bevölkerung eindringlich vor Augen zu führen, welche Verbrechen ihre Soldaten in der Ukraine verübt haben und weiter verüben; natürlich stillt das den Impuls ebenso wenig. Also weiter: Auch bei den Sanktionen plädiere ich für das Maximum, und zwar selbst dann, wenn es dadurch bei uns ungemütlich wird.

Mit diesem letzten Vorschlag weitestreichender Sanktionen gehe ich zwar über vieles hinaus, was dazu in unserer Gesellschaft gesagt und gedacht wird. Ich halte maximale Sanktionen für das Mindeste an Solidarität, die wir den Angegriffenen schulden: Wir dürfen ihren Feind nicht finanzieren. Und doch: Beim wohl wichtigsten Gesichtspunkt falle ich hinter nur zu verständliche Forderungen einer echt kriegerischen Solidarität zurück, denn massive Waffenlieferungen finde ich bei weitem zu gefährlich. Schon die Versenkung eines russischen Kriegsschiffs durch eine Schiffsabwehrrakete aus westlichen Lieferungen könnte mit etwas Pech das Fass zum Überlaufen bringen und direkt eine atomare Reaktion heraufbeschwören.

Solche Ängste begleiten mich seit Kriegsausbruch. Dabei geht es nicht um die Gefahren eines Atomkriegs für mich selber (ich habe lange genug gelebt), auch nicht allein um die Gefahren für unsere zwei Töchter (sie haben ihr Leben noch vor sich). Tatsächlich habe ich Angst davor, dass unser gesamter Kontinent in Flammen aufgeht.

Einer anderen Gefahr für unseren Kontinent können und sollten wir übrigens pragmatischerweise durchaus mit kriegerischen Mitteln entgegentreten: Meiner Ansicht nach müssen wir die Ostgrenze der NATO schleunigst mit massiven Verteidigungskräften absichern, um der verblüffend schwachen russischen Armee eine so starke Abwehr entgegenzustellen, dass in Moskau gar nicht erst der Gedanke aufkommen kann, wir ließen uns überrennen. Wir müssen vor Ort nicht nur gepanzerte Verbände mit starker Feuerkraft stationieren, sondern auch Raketen-Abwehrsysteme, die entschieden defensiv anzulegen sind. Es wäre ein dogmatischer und unvernünftiger Pazifismus, sich in der gegenwärtigen brandgefährlichen Lage nur deshalb gegen diese Vorsichtsmaßnahmen zu wenden, weil dafür Waffen benötigt werden. Es ist überraschend, dass unsere Meinungsmacher und Politiker lieber Waffen in Kriegsgebiete liefern, als sie an den Grenzen unserer Territorien zu stationieren. Der heiße Krieg, den wir durch die tatsächliche Lieferpolitik befeuern, könnte zum Flächenbrand werden und in die Apokalypse führen; da ist mir eine waffenstarrende Grenze lieber – und das, obwohl ich Pazifist bin. Eine solche Grenze abzudichten, wäre zugegebenermaßen eine im hier entwickelten Sinne kriegerische Maßnahme; aber sie ist weit weniger kriegerisch als das, was derzeit getan wird und offenbar immer weiter gesteigert werden soll.

Doch wie auch immer: Den Impuls, mit allen Mitteln helfen zu wollen, werde ich durch die Angst vor dem apokalyptischen Ende nicht los. Im Gegenteil, zwischen beidem besteht eine kaum auszuhaltende Spannung.

Um nicht missverstanden zu werden: Ich sehe mich trotz dieser Spannung längst nicht an dem Punkt, an dem es mir verrückt vorkäme, an den zwei Leitprinzipien des Pazifismus festzuhalten.

Doch muss ich zugeben, dass ich mit mir selber und der Welt nicht im Reinen bin. Auch deshalb bin ich alles andere als sicher, dass ich es insgesamt richtiger sehe als die Gegner des Pazifismus. Und es bringt mich einigermaßen aus der Fassung, wenn ich mir tagtäglich anhören muss, mit welcher Selbstsicherheit sowohl Befürworter als auch Gegner der Waffenlieferungen ihre Thesen lancieren. Nicht, dass ich neidisch wäre; aber es fällt mir schwer, das zu verstehen.

Nachdem ich alles abgewogen habe, bin ich also zu dem Schluss gekommen, dass wir keine Waffen an die Ukraine liefern sollten. Es ist bitter, aber ich muss es mir eingestehen: Im Ergebnis spreche ich mich dafür aus, die Ukraine militärisch im Stich zu lassen.[9] Dass ich mich mit alledem schuldig mache, ist mir bewusst.[10]

Anmerkungen

Erstes Kapitel: Einleitung

1 Im Folgenden benutze ich Ausdrücke, die unspezifisch für irgendwelche Leute stehen, mit den traditionell hergebrachten grammatischen Genusformen und lege fest, dass alle diese Ausdrücke unabhängig vom Genus sämtliche geschlechtlichen Existenzmöglichkeiten bezeichnen sollen (also Männer, Frauen und alle anderen); das betrifft maskuline Formen (›Pazifist‹, ›Außenminister‹, ›jedermann‹, ›wer‹, ›niemand‹) genauso wie solche im Neutrum (›Genie‹, ›Mathe-As‹) und solche im Femininum (›Person‹, ›Koryphäe‹). Als kleine Ausnahme und mit Verbeugungen meinerseits vor dem Feminismus ist bei mir Gott immer eine Frau – ohne damit entscheiden zu wollen, ob es sie tatsächlich gibt.

2 Heiner Geißler, Rede im Bundestag vom 15. Juni 1983.

3 Joschka Fischer, Rede vor dem außerordentlichen Parteitag der Grünen vom 13. Mai 1999 (Bielefeld).

4 Die Ahnherren des Pragmatismus sind William James (1842–1910) und Charles Sanders Peirce (1839–1914). Die im Folgenden entfaltete Sicht auf den Pragmatismus ist stark von der Fassung geprägt, die der Neopragmatist Hilary Putnam (1926–2016) verteidigt hat.

5 In diesem Sinne beruft sich Putnam auf James (vgl. Putnam 1995, S. 7).

6 Adolf Hitler, Reichtagsrede am 1. September 1939.

7 Zit. nach: *Berliner Zeitung*, 6. Dezember 2002, S. 1.

8 Bahnbrechend dazu Carnap 1966, S. 51–54.

9 Eine Ausnahme ist Mill 1861/1985, S. 13 [u. ö.].

Zweites Kapitel: Unterwegs zum verantwortungsethischen Pazifismus

1 Der Argumentationsfigur des Universalisierens hat Hare zu großer Verbreitung verholfen, siehe z. B. Hare 1963/1965, S. 92–102.

2 So äußerte sich die ukrainische Sängerin Mariana Sadovska im Kanz-

leramt wenige Wochen nach Kriegsbeginn, zit. nach: *Frankfurter Allgemeine Zeitung*, 30. März 2022, S. 9.

3 Siehe z. B. Russell 1943/44.

4 Hier orientiere ich mich an Hilary Putnam, der (anhand anderer Beispiele) ähnlich argumentiert (Putnam 1990/1992, S. 166 f.).

5 Besonders relevant ist in dieser Hinsicht die weitverzweigte Debatte zum gerechten Krieg (z. B. Walzer 1977 oder Schmücker 2021).

6 Siehe z. B. Russell 1943/44, S. 8.

Drittes Kapitel: Ein Problem mit der Objektivität

1 Den klügsten und wirkmächtigsten Protest gegen die herrschende Meinung formuliert Lewis 1986.

2 So das hilfreiche Bild bei Kripke 1972/1980, S. 44.

3 So lautete im Ukrainekrieg ein sarkastisches Echo auf einen Songtitel der deutschen Band SDP, in: *Frankfurter Allgemeine Zeitung*, 2. April 2022, S. 8.

4 Putnam war einer der Philosophen, die sich früh für die Berücksichtigung von Werten bei der Auswertung kontrafaktischer Wenn-dann-Sätze ausgesprochen haben (vgl. Putnam 1992, S. 54 f.).

5 Für eine optimistische Erkenntnistheorie moralischer Aussagen siehe Putnam 1996, S. 151–181 sowie Müller 2008.

Viertes Kapitel: Werte bei der kontrafaktischen Betrachtung der Wirklichkeit

1 Friedrich 2002. Zum Streit siehe z. B. die Texte in Kettenacker 2003.

2 Zum Streit siehe z. B. Kettenacker 2003, S. 174–176 [u. ö.].

3 Vgl. Friedrich 2002, S. 363–370.

4 Die folgenden Überlegungen sind von Tatsachen inspiriert worden, die im Rahmen des Daschner-Prozesses bekannt geworden sind, bieten aber keine passgenaue Erörterung der wichtigsten Einzelheiten aus diesem berühmten Gerichtsfall des Jahres 2004.

5 Ähnliche Phänomene sind aus der Literatur über kontrafaktische Wenn-dann-Sätze wohlbekannt, siehe z. B. Lewis 1973/1986, S. 8 f., 31.

6 In ähnlichem Geiste – wenn auch nicht im selben Zusammenhang – hat die Patentochter des von Terroristen ermordeten Bankmanagers Alfred Herrhausen (1930–1989) einen verzweifelten Appell an die bis heute unbekannten Täter veröffentlicht, sich dem Gespräch mit den Angehörigen auszusetzen (Emcke 2008).

7 Zunächst hatte ich mit dem Gedanken gespielt, stattdessen eine Fallstudie zum gegenwärtigen russisch-ukrainischen Krieg anzubieten. Schließlich habe ich mich dagegen entschieden, weil die Sache dann nur auf eine Momentaufnahme hätte hinauslaufen können mit allzu schneller Verfallszeit – erst aus einem gewissen zeitlichen Abstand lassen sich halbwegs gesicherte Urteile fällen; so ist beispielsweise derzeit nicht einmal der Größenordnung nach bekannt, wie viele ukrainische Zivilisten von russischen Soldaten getötet worden sind, ganz zu schweigen von den Opferzahlen unter den Soldaten beider Seiten. Im Fall des Kosovokriegs wissen wir demgegenüber genug über solche im Prinzip objektiv feststehenden Fakten.

Fünftes Kapitel: Beispiel Kosovo

1 Hierzu und zum Folgenden siehe Rüb 1999, Weller 1999, OSCE 1999, Loquai 2000, Loquai 2003, Müller 2004, Kriemann 2021.

2 So z. B. Rüb 1999, S. 30, 51 ff., Kriemann 2021, S. 177.

3 OSCE 1999, Kap. 5.

4 Siehe *Frankfurter Allgemeine Zeitung*, 26. November 2005, S. 3; Kriemann 2021, S. 134 f.

5 Siehe Rüb 1999, S. 117; Loquai 2003, Kap. VII; Kriemann 2021, S. 259.

6 So Loquai 2003, S. 73–75, unter Berufung auf einen Bericht des UN-Flüchtlingskommissariats (UNHCR) vom 20./21. November 1998.

7 So spricht ein des Pazifismus unverdächtiger Offizier und Wissenschaftler (vom Potsdamer Zentrum für Militärgeschichte der Bundeswehr) in seiner Dissertation auffälligerweise von einem »soge-

nannten Massaker« (Kriemann 2021, S. 261). Kritik daran (ohne eigenständige Diskussion) wurde in der *Frankfurter Allgemeinen Zeitung*, 14. Juni 2022, S. 6, geäußert.

8 Die Zahlen stammen von Kosovokriegsbefürwortern (Rüb 1999, S. 171 f.; Scharping 1999/2001, S. 233; *Frankfurter Allgemeine Zeitung*, 1. März 2001, S. 51) und sind gut dokumentiert (Ball 2002, S. 5 f.).

9 *Washington Post*, 11. Juli 1999, zit. nach: Kriemann 2021, S. 370.

10 Horaz, carm. 3,2,13: »Dulce et decorum est pro patria mori«, in: Quintus Horatius Flaccus, *Oden und Epoden*, lat./dt., übers. und hrsg. von Bernhard Kytzler, Stuttgart 1978 [u. ö.], S. 116.

11 Dieser Satz gibt sinngemäß die Sichtweise des damaligen Oberbefehlshabers der Bundeswehr wieder; er vertrat den Satz mit eben dem vehementen Objektivitätsanspruch, den ich hier kritisiere (Scharping 1999/2001, S. 92, 102, 107–110, 216 f., 229–232).

12 Der Zusammenhang zwischen Vereinfachung und Bewertung ist ein allgemeines Phänomen (mehr darüber in Müller 2004, Abschn. VI).

13 Alles andere als aus der Luft gegriffene Zweifel an der Unparteilichkeit der KVM zitiert Kriemann 2021, S. 258.

14 Erst im Anschluss an Walkers Massaker-Vorwürfe wurde eine Untersuchung durch finnische Ärzte eingeleitet, deren uneindeutige Ergebnisse veröffentlicht wurden, nachdem die NATO ihren Krieg begonnen hatte (Rainio [u. a.] 2001). Zwei weit ausführlichere forensische Dokumentationen der Leichenfunde für die EG bzw. das ICTY (International Criminal Tribunal for the former Yugoslavia) sind erstaunlicherweise bis heute nicht öffentlich zugänglich.

15 In dieser Form verdanke ich den Einwand einer mündlichen Kritik des Historikers Gerwin Strobl.

16 So Kriemann 2021, S. 221.

17 Wie rasch sich die russische Armee infolge des kraftvollen militärischen Widerstands brutalisiert hat, zeigen erste, schockierende Erfahrungsberichte ihrer ehemaligen Soldaten, siehe *Frankfurter Allgemeine Zeitung*, 24. August 2022, S. 3.

Sechstes Kapitel: Ein optimistischer Vergleich zwischen Pazifismus und Physik

1 Siehe dazu z. B. Putnam 2002, S. 135–145.

2 Mehr dazu und zum Folgenden in Müller 2019.

3 Während Bonhoeffers Verbindungen zu den Hitler-Attentätern zu berühmt sind, um per Nachweis belegt werden zu müssen, ist sein Pazifismus etwas weniger bekannt; er hat ihn am deutlichsten im Jahr 1934 fomuliert und sich bis zu seiner Ermordung nicht von dieser Haltung distanziert (vgl. Bonhoeffer 1994, S. 300 f.). Siehe dazu Pangritz 2022.

4 Siehe z. B. Wigner 1960.

5 Ein Beispiel dafür bietet die Unterschrift von 18 hochkarätigen Physikern unter die *Göttinger Erklärung* gegen die Atombewaffnung (vom 12. April 1957).

Siebtes Kapitel: Pragmatismus, Pazifismus, Pessimismus

1 Siehe zu alledem insb. die Originalprotokolle vom 28. Oktober 1962, in: Greiner 1988, S. 335–391.

2 So Kriemann 2021, S. 196 f.

3 Ohne pragmatistischen Hintergrund findet sich der verwandte Gedanke einer »Heuristik der Furcht« bei Jonas 1979.

4 Müller 2025.

5 Zit. nach der Filmdokumentation *Die Philosophie des Pazifismus* in der *3sat*-Sendung *Kulturzeit* vom 18. Mai 2022, https://www.3sat.de/kultur/kulturzeit/ein-philosoph-gegen-den-atomkrieg-bertrand-russell-reloaded-100.html (Abruf: 21. 9. 2022). – Gegen Missverständnisse: Russell hat sich aus innerphilosophischen Gründen vehement gegen den Pragmatismus eines William James gewehrt, und das, obwohl sich sein Pazifismus leicht als pragmatische Haltung deuten lässt; Russell war pragmatisch, aber nicht pragmatistisch.

6 Müller 2019/2021, S. 92.

7 Vgl. Annalena Baerbock, Rede im Bundestag vom 23. März 2022 mit

zweifachem Zitat einer Aussage von Tanja Maljartschuk. – Da wir gerade beim Zitieren sind: Den letzten Satz dieses Absatzes habe ich mir von unserem Wirtschaftsminister ausgeliehen, der ihn auf die Haltung des Pazifismus gemünzt hatte (Robert Habeck, Rede im Bundestag vom 27. Februar 2022).

8 Die offizielle ukrainische Verteidigungsstrategie wurde ein Jahr vor Kriegsbeginn formuliert und umfasst vier Stufen der Verteidigung im Fall eines Angriffs aus Russland. In der ersten Stufe soll die Armee Widerstand leisten; in der Zwischenzeit werden die Reservisten mobilisiert und treten in der zweiten Stufe in den Kampf ein, um den hinhaltenden Widerstand zu verstärken. In der dritten Stufe greift das Ausland in den Krieg ein. Die vierte Stufe ist der Sieg über Russland (vgl. die Zusammenfassung des polnischen Militäranalysten Maciej Zaniewicz vom 5. Mai 2021 für das Polski Instytut Spraw Międzynarodowych (PISM), online: https://pism.pl/publications/Ukraines_New_Military_Security_Strategy, Abruf: 4. 9. 2022).

9 Bei der Niederschrift habe ich damit gerungen, dass in meiner Gesamtposition die Solidarität mit der Ukraine zu kurz zu kommen schien. Wie ich seinerzeit nicht wissen konnte, hat der Westen im Frühjahr 2022 leichtfertig eine Chance vertan, sich mit dem überfallenen Land zu solidarisieren, und zwar durch entschiedene Unterstützung der damals stattfindenden Friedensverhandlungen. Welcher Versäumnisse wir uns in dieser Angelegenheit schuldig gemacht haben, ist erst vor kurzem zutage getreten. Für die Einzelheiten siehe Müller 2025, S. 84–96. [Anmerkung aus dem Jahr 2025].

10 Ich danke Kerstin Behnke, Charlotte Bürger, Rolf Cantzen, Christoph Demian, Sabine Jaberg, Kirsten Meyer, Elisabeth Rädler und Matthias Schote sowie den hochkritischen Mitgliedern meines wissenschaftsphilosophischen Kolloquiums an der Humboldt-Universität für wertvolle Hinweise zu einer früheren Fassung dieses Buchs. Dank an Enya Blohm-Sievers für tatkräftige Mithilfe bei Recherche, Endredaktion, Bibliographie.

Literaturhinweise

Ball, Patrick / Betts, Wendy / Scheuren, Fritz / Dudukovich, Jana / Asher, Jana: Killings and Refugee Flow in Kosovo, March–June 1999. Washington 2002.

Bonhoeffer, Dietrich: London 1933–1935. Hrsg. von Hans Goedeking. Gütersloh 1994.

Carnap, Rudolf: Philosophical Foundations of Physics. Hrsg. von Martin Gardner. New York 1966.

Emcke, Carolin: Stumme Gewalt. Frankfurt a. M. 2008.

Friedrich, Jörg: Der Brand. Deutschland im Bombenkrieg 1940–1945. Berlin 2002.

Greiner, Bernd: Kuba-Krise. Nördlingen 1988.

Hare, Richard: Freedom and Reason [1963]. Oxford 1965.

Jonas, Hans: Das Prinzip Verantwortung. Frankfurt a. M. 1979 [u. ö.].

Kettenacker, Lothar (Hrsg.): Ein Volk von Opfern? Berlin 2003.

Kriemann, Hans-Peter: Hineingerutscht? Göttingen 2021.

Kripke, Saul: Naming and Necessity [1972]. Cambridge 1980.

Lewis, David: Counterfactuals [1973]. Oxford 1986.

– On the Plurality of Worlds. Oxford 1986.

Loquai, Heinz: Der Kosovo-Konflikt. Baden-Baden 2000.

– Weichenstellungen für einen Krieg. Baden-Baden 2003.

Mill, John Stuart: Der Utilitarismus [1861]. Stuttgart 1985.

Müller, Olaf: Was wissen Sie über Kosovo? In: Georg Meggle (Hrsg.): Humanitäre Interventionsethik. Paderborn 2004. S. 53–90. Online: http://nbn-resolving.de/urn:nbn:de:kobv:11-10066420 (Abruf: 31. 8. 2022). [Einige Formulierungen aus diesem Aufsatz habe ich mit geringfügigen Änderungen im 5. und 17. Abschnitt wiederverwendet.]

– Benign Blackmail. Cassandra's Plan, Or What Is Terrorism? In: Georg Meggle (Hrsg.): Ethics of Terrorism and Counter-terrorism. Frankfurt a. M. 2005. S. 39–50.

– Chaos, Krieg und Kontrafakten. In: Barbara Bleisch / Jean-Daniel Strub (Hrsg.): Pazifismus. Ideengeschichte, Theorie und Praxis. Bern 2006. S. 223–263. [Einige Formulierungen aus diesem Aufsatz habe ich mit geringfügigen Änderungen im 13. bis 16. Abschnitt wiederverwendet.]

– Pazifismus mit offenen Augen. In: Jean-Daniel Strub / Stefan Grotefeld (Hrsg.): Der gerechte Friede zwischen Pazifismus und gerechtem Krieg. Stuttgart 2007. S. 23–59. [Einige Formulierungen aus diesem Aufsatz habe ich mit geringfügigen Änderungen im 13. bis 16. Abschnitt wiederverwendet.]
– Moralische Beobachtung und andere Arten ethischer Erkenntnis. Paderborn 2008.
– Zu schön, um falsch zu sein. Frankfurt a. M. 2019.
– Die immaterielle Seele. In: Aaron Langenfeld / Sarah Rosenhauer / Stephan Steiner (Hrsg.): Menschlicher Geist – Göttlicher Geist. Münster 2021. S. 65–112. (Vortrag vom 12. 4. 2019.)
– Atomkrieg. Eine Warnung. Stuttgart 2025.

Organization for Security and Co-operation in Europe (OSCE) (Hrsg.): Kosovo / Kosova As Seen, As Told. 1999. Online: https://www.osce.org/files/f/documents/d/d/17772.pdf (Abruf: 28. 8. 2022).

Pangritz, Andreas: Dietrich Bonhoeffers ökumenische Friedensethik damals – und heute? In: Verantwortung 36 (Juni 2022) Nr. 69. S. 15–22.

Putnam, Hilary: Realism with a Human Face [1990]. Cambridge 1992.
– Renewing Philosophy. Cambridge 1992.
– Pragmatism. Cambridge 1995.
– Words and Life. Cambridge 1996.
– The Collapse of the Fact / Value Dichotomy and Other Essays. Cambridge 2002.

Rainio, Juha / Lalu, Kaisa / Penttilä, Antti: Independent Forensic Autopsies in an Armed Conflict. In: Forensic Science International 116 (2001) Nr. 2–3. S. 171–185.

Rüb, Matthias: Kosovo. München 1999.

Russell, Bertrand: The Future of Pacifism. In: The American Scholar 13 (1943/44) Nr. 1. S. 7–13. (Dt.: Die Zukunft des Pazifismus. Übers. von Valerie Gföhler. Hrsg. und mit einem Nachw. von Olaf L. Müller. Stuttgart 2023.)

Scharping, Rudolf: Wir dürfen nicht wegsehen [1999]. München 2001.

Schmücker, Reinold: Gibt es einen gerechten Krieg? Stuttgart 2021.

Walzer, Michael: Just and Unjust Wars. New York 1977.

Weller, Marc (Hrsg.): The Crisis in Kosovo 1989–1999. Cambridge 1999.

Wigner, Eugene P.: The Unreasonable Effectiveness of Mathematics in the Natural Sciences. In: Communications on Pure and Applied Mathematics 13 (1960) Nr. 1. S. 1–14.

Zum Autor

OLAF L. MÜLLER, Studium der Mathematik und Philosophie (mit Nebenfächern Informatik und VWL) in Göttingen und Los Angeles. Seit 2003 Inhaber des Lehrstuhls für Wissenschaftstheorie an der Humboldt-Universität Berlin; im Wintersemester 2016/17 Gastprofessor an der Keio-Universität, Tokyo.

In seiner Forschung nutzt Müller die Mittel der modernen analytischen Philosophie, um einer Reihe kontroverser Thesen Nachdruck zu verleihen (etwa der Widerlegung der *Matrix* (2003), zur Klimaethik (2008) oder zum Beweis einer immateriellen Seele (2021)). Sein Hauptarbeitsgebiet ist die humanistische Wissenschaftsphilosophie mit Buchveröffentlichungen zugunsten von Goethes Protest gegen Newton (*Mehr Licht*, 2015), zur Rolle der Ästhetik in der Naturwissenschaft (*Zu schön, um falsch zu sein*, 2019) sowie zur Entdeckung des UV-Lichts durch die romantische Physik (*Ultraviolett*, 2021).

Seit über drei Jahrzehnten setzt er sich gegen Krieg, Waffenexporte und Militarismus ein; zuletzt erschien sein Essay *Atomkrieg. Eine Warnung* (2025) und die von ihm herausgegebene deutsche Erstübersetzung von Bertrand Russells *Die Zukunft des Pazifismus* (2023).